児童文学と朝鮮

仲村修・韓丘庸・しかたしん著

神戸学生青年センター出版部

『児童文学と朝鮮』発行にさいして

財団法人・神戸学生青年センターは一九七二年の設立以来、主に、「であいの場」の提供、セミナーの企画・運営を行なってきました。セミナーは朝鮮史セミナー、食品公害セミナー、キリスト教セミナーの三つを柱に進めてきました。そして、神戸学生青年センター出版部というものを作り、これまで梶村秀樹さんの『解放後の在日朝鮮人運動』以来、セミナーの記録を中心として九冊の本を出版してきました。

この『児童文学と朝鮮』は、昨年十月から十二月にかけて開いた第三〇期・朝鮮史セミナーの記録に資料をつけくわえたものです。近年、やっと朝鮮の児童文学も紹介されはじめ、在日朝鮮人および日本人の「朝鮮」をテーマにした児童文学作品が世に多くでるようになりました。しかし、朝鮮（人）に対する偏見がいまだ根強い日本社会にあって、それを克服するためのひとつの手段としても、朝鮮の問題に児童文学から接近するということも必要であろうとおもいます。

お忙しいなか、テープ起こしをした原稿に手を入れて下さいました三人の先生方、作品紹介を担当して下さったオリニの会、すばらしい表紙・挿し絵を描いて下さった宋貴美子さんに感謝いたします。また、出版にあたって、記録社の薬師寺小夜子さん、オリニの会の今田裕子さん、共同出版印刷の方々にお世話になりました。あわせて感謝いたします。

一九八八年十二月

財団法人　神戸学生青年センター出版部

目次

装幀・挿画／宋 貴美子

第一部　セミナー「児童文学と朝鮮」

◇児童文学と朝鮮　仲村　修
◇在日朝鮮児童文学を語る　韓　丘庸
◇童話作家からみた朝鮮　しかたしん

第一章　児童文学と朝鮮

朝鮮児童文学研究者・仲村　修

はじめに

さっそくですけれども、私のことを少しばかりお話しして、あとは韓国、朝鮮民主主義人民共和国の児童文学の状況について、私の知り得たことをお話ししたいと思います。私もまだ始めて四年ですので、駆け出しです。きっかけがあって児童文学を続けてきたわけですが、まだ多くを知りません。できればセンスのあるすばらしい方に後を引き継いでもらって、私は別に朝鮮の民話の勉強をしたいなどと思いながら、実は四年間やってきました。

韓国には何度かおじゃましております。年配の作家から順番にお目にかかったりしていますので、すでに名声のあるというか、一仕事した実績のある方のお話しか聞けておりません。二、三十代、四十代前半あたりの若手作家の世界、作品傾向というようなことについては、ほとんど知らないというのが率直なところです。ですから、今日お話ができるのは、もう評価の定まった方の作品、そのたどってきた歩みといいますか、朝鮮現代児童文学の前半史の概略といったものになると思います。作品については、「朝鮮児童文学の翻訳と研究」という副題つきの『季刊メアリ』(メアリは朝鮮語でやまびこ、こだまの意味)というささやかな冊子がございますので、その中の作品をまたお読みいただくということにしていただければ、ありがたいです。

朝鮮児童文学との出会い

ご存じの方も多いと思いますが、大阪外大朝鮮語科の教授でいらっしゃる塚本勲先生に、私が二十歳のとき岡山大学の集中講義でお目にかかりました。私は卒業の単位がほしいのと、国語学・言語学のようなものを勉強していましたので、朝鮮語と日本語は非常に近い言語だという見地からも、ぜひ講義に参加しなさいと、いまは鎌倉にいらっしゃいます江実《ごうみのる》というアルタイ言語学の大家といいますか、八十のお年を超しておられますが、その先生にえらく勧められまして受講したのがきっかけです。一回分が二週間でしたか、集中講義が年二回、そんなことで勉強を始めました。その後、もう少し勉強したいということで外大の専攻科におじゃまして、二年間、辞書づくりの手伝いなんかもしたんですが、飯を食わなきゃいけないということがありまして、結局出てしまいました。そして、ぜひとも関西にとどまりたくて、神戸の教育委員会のほうに就職しました。中学はいま三校目で、現在は東難区にあります住吉中学で国語の教師をしております。

朝鮮語と五年間ほど学生時代に縁が続いて、その後あわただしい職場に入りました。神戸で朝鮮語を一緒に勉強できる仲間が一人もいないのがとってもさびしくて、せっかく学んだ朝鮮語を何かに生かしたい、役に立てたいということをいつも考えておりました。そのころが七七年ですから、もう十年前になりますが、神戸学生青年センターの仲間と知りあうことができました。ご存じの方もいると思いますが、ここには「むくげの会」という朝鮮史を勉強する会があります。

その会員の方々が朝鮮語講座をつくっておりましたところに入れていただいて、十年たちました。ずいぶん、いい仲間を得たなと思っております。『朝鮮一九三〇年代研究』という著書もありますし、翻訳もいろいろとあります。ごく普通の日本人の会ですが、ファイトのある人たちでいい刺激を受けました。私は朝鮮史にはもう一つ興味がわかなかったものですから入会しませんでしたが、そういう人々のはつらつとした活躍ぶりを横目で見ながら、何かできることはないかと、もんもんとしていたわけです。まわりを見れば、同じ世代の連中がすばらしい活躍をしている。自分は教育畑を歩いておりましたから超多忙でしたし、体力も使い果たしていたというようなことがありました。

そんな中で、八一年に韓国へ行ったおりに、ソウルの鍾路区《チョンノグ》のところにございます本屋さんで『一篇の童話のために』という朴洪根《パクホングン》先生の本にめぐりあいました。ああ、こういう世界もあるんだな、こういうものならやっていけるかも知れないなと、そのとき思いました。その翌年、夏休みにまた韓国に行きました。そのとき、いろんな人を介して、著者であります朴洪根先生——当時、韓国児童文学家協会会長だったんですが——に、お目にかかることができました。そんなことから児童文学のほうを勉強してみたいと思うようになりました。

『一篇の童話のために』に出会うまでは、私も朝鮮に童話作家がいるとか、創作童話があることを全く知りませんでした。その数年後、ある会議で他の中学の校長先生にお目にかかり、今、こんなことをしていますと話しましたら、「朝鮮に童話作家なんかいるんですか」と言われまして、ムッとしました。しかし、自分のことをよくふり返ってみましたら、自分も少し前までは、同じ状態だったわけです。現にすばらしい作品があり、すばらしい童話作家たちがいたというのが、私の実感です。民族を超え、社会体制を超えて、子どもの胸を打つだけでなく、大人の胸をも打ちます。私はそういう朝鮮児童文学の世界にめぐりあえたことを、今はとても幸運だったと思っています。

『季刊メアリ』の創刊

八三年に『季刊メアリ』という二十ページぐらいのささやかな冊子を出しました。現在、十号までの合本になっておりますので、ご覧いただけたらありがたいんですが、南北両朝鮮の童話をまず日本の大人が知ろう、そして子どもたちに伝えようというのが出発です。十号の最後に、どんな作品を訳したかのリスト（注）がありますので、ご覧いただいたらいいと思います。南北の作家を交互ぐらいのつもりでやっておるんですが、カタカナで書いてあるのが共和国の作家の名前です。

各号で、一、二名の作家の短編童話を紹介しています。読者は五百人。実は八百部刷っておりまして、三百部がいつも家に積んであります。うらめしい気持ちで毎日それを眺めているわけなんです。そのうち十号まで合本にしましたので、少しはまた別な形ではけるかなと思います。定期購読者が二百人。読者の中には、金達寿、大村益夫、金学鉱、茨木のり子、赤木由子、上笙一郎、川村たかし、韓丘庸、辛基秀、堀内純子などの方々もいます。

子どもたちに伝えようというあたりが、まだ『季刊メアリ』では十分できておりません。やはり大手の出版社から、すばらしいさし絵をつけて、大きな活字の児童書として出しませんと、一般の大人たちはそうでなくても知らないんですから、子どもたちの手に渡ることはないでしょう。いずれの日か、単行本化が必要だろうとも考えています。

解放以前の朝鮮児童文学

次に、朝鮮児童文学の流れについて、かいつまんでお話しします。

解放前は、大きく分けると民族主義児童文学の流れと、もう一つはプロレタリア児童文学の流れがあります。これは成人文学の場合とほぼ同じです。民族的なものは一切認めないという日本の植民地政策のもとで、どちらも徹底的な弾圧を受けます。

まず民族主義児童文学のほうを見ますと、方定煥《パンジョンファン》という人がいます。三十過ぎに過労で亡くなるんですが、朝鮮児童文学の開拓者といわれる人です。後は尹石重《ユンソクチュン》の童謡とか、金英一《キムヨンイル》の自由詩論、北原白秋の影響を色濃く受けて、定型詩の形の童謡はやめようということを最初に朝鮮で唱えた人です。馬海松《マヘソン》は菊池寛と交流があった人、李元寿《イウォンス》は童謡から後に童話、少年小説を書いた、最も多作で力量ある作家です。

プロレタリア児童文学は、一九三〇年代が全盛期です。カップ（朝鮮プロレタリア芸術同盟）が二五年に創建されて以来、民族主義文学をしのぐほどの勢いを示しますが、三五年には解散届を出さざるを得ないところまで追い込まれるわけです。朴世泳《パクセヨン》、宋影《ソンヨン》、尹福鎮《ユンボクチン》、李園友《リウォヌ》、姜孝淳《カンヒョスン》、黄民《ファンミン》、キム・ドビンなどが、カップの団体のもとにありました『ピョルララ（星の国）』という児童雑誌を発表の舞台として活躍します。そして、これが一番先鋭的な雑誌です。南の研究者は、解放後にこれをきちんと収集して、全部を持っております。北でももちろん、ちゃんとあると思いますが、これも貴重な雑誌です。

解放後、朝鮮戦争（分断）というあたりから、共和国へ行く作家は共和国へ行き、韓国へ下る作家は韓国へと、いわゆる越南、越北ということがありますが、このことによって色分けは、はっきりするわけです。韓国のほうでいいますと、その後、大衆児童文学が興隆してきます。

児童文学には三つのことが大事だといわれます。一つはおもしろさ、朝鮮語でいえばチェミソン。もう一つは文学性。最後に教育性ですね。これは日本も朝鮮も、どこの国でも一緒だと思います。その三つが調和して、完成度の高い作品になっていないと、子どもたちが飛びつきませんし、感動もうすい。大衆児童文学というのは、そのときだけおもしろいもの、おもしろさを最優先します。文学性などは二の次、三の次で、売れればいいわけです。そういったタイプのものがものすごくたくさん出てきます。少年少女雑誌は二十種類ぐらいにふくれ上がります。そして戦後ですから、一般の文学者たちも飯が食えないわけです。やむをえず児童文学の畑にも進出してくるというようなことがありました。

南北分断後の流れ

朝鮮戦争後では、大衆児童文学と純粋（文学派）児童文学との対立・分化という現象が出てきます。純粋児童文学派の童話作家たちは何を書くかといいましたら、北から来た作家たちは失郷民といいますか、故郷を失った者の悲しみや望郷の念を書きます。これは例外なく書きます。もう一つは分断の悲劇で生み落とされたもの、戦争孤児の問題です。これも、どの作家もいろんな形で書きます。これは特に目立つ傾向です。韓国の場合、大衆児童文学と純粋児童文学の分化がだんだん行われていきまして、いま児童文学といえば、純粋派の児童文学を見ていかないと本流ではないだろうと思います。

つぎに発生してきた問題は教化性、教訓性の克服という問題です。これは純粋児童文学の中に生まれます。子どもたちにこんなことを書いて、こんなことを教えてやろう、こんなときにはこういうふうにするんだよとか、こんな賢い子がいるじゃないか、ちゃんとこれを読んでまねしろとか、そういう教化性、教訓性が色濃く作品の中に出ております。つまり、教育性を最優先する。これでは、残念ながら文学にはなりません。それはお説教かなんかしていたらよろしいんですね。これを文学派の児童文学者、童話作家たちは乗り越えようとして、ある程度成功しています。

視点を変えまして、韓国の児童文学界は現在、韓国児童文学会、韓国児童文学家協会、韓国現代児童文学家協会と、この三つに分かれております。会の歴史はこの順に古いわけですが、三つの団体が残念ながら、仲があんまりよくないんです。日本児童文学の研究者で、大阪の梅花女子大学児童文学科の先生をしている上笙一郎先生に、日本の各児童文学団体の状況はいかがですかとお尋ねしたら、「各文学団体がいがみあい、対立する、そういう時期が日本にもありました。でも、それは克服されました。だから、きっと韓国もそのうちスーパースターが出るか、どの派にも属さないですばらしい作品を書くということで、克服されるのでは」というご意見でした。若い作家や新人たちにとって、こういう状況は不幸だと危惧する年輩作家も、また一方にはいるわけですが……。

さて、朝鮮民主主義人民共和国の児童文学です。作家の評価の変更がしばしばあり、全集になったときには名前が消えているといったことがあります。それから経歴がよくわからない場合が多い。ほとんどわからないし、朝鮮総聯の文芸同（文学芸術家同盟）の方にきいても、いや、ぼくらもよくわからない、と言われます。それがわが国の方針ですし、ということです。一九五〇年代、六〇年代初期までがおもしろい、というふうに私自身は思っています。六五年ぐらいまでだろうとおっしゃる方もいます。実は不勉強で、あまり様子がわからない。作家に直接お話を聞くという機会もありませんので、私自身もよくわからないところがいっぱいあります。作品も手に入るものは読むようにしておりますが、まだ十分読みこなしておりません。

朝鮮児童文学の先駆者、方定煥

方定煥《パンジョンファン》（一八九九〜一九三一）については、『季刊メアリ』十号でご覧いただいたらわかりますように、「方定煥伝」として、三号分載の二つめが出ております。人間的な魅力にあふれる作家です。彼はソウルの穀物問屋さんのような、まずまず裕福に食べていける家に生まれました。しかし、九歳のときに家が逼迫《ひっぱく》しまして貧乏のどん底に落ちるんですが、とても才気走った方定煥はそれに負けないで、すくすくと成長するわけです。朝鮮総督府の書記といいますから、お手伝いみたいなものですね、帳簿をつけたり。そういうところに入るんですが、何か意義のある仕事をしたいということで、三・一独立運動（一九一九年）が起こったときに、彼の情熱は爆発するわけです。独立宣言文のビラ配りをひそかにやったり、独立新聞が弾圧されると、印刷機を持ちこんで徹夜でひそかに刷ったりするような活動もします。独立新聞の印刷事件で彼は検挙され、拷問を受けます。その後一九二〇年に、追及を逃れるということもありまして東京に留学にやってきます。東洋大学の哲学科に学び、東京ですばらしい仕事の第一歩をふみ出すわけです。天道教青年部の支部を東京に組織して、その支部長になる。あるいは啓蒙雑誌『開闢』を発行した開闢社の東京特派員の仕事といろいろやりますが、児童文学関係では二二年に、童話集『愛の贈り物』を発行します。これはヨーロッパのアンデルセンとかイソップとかの作品を翻案したもので、そのままストレートに日本語から朝鮮語に訳したものではなく、ちょっと朝鮮風にお話を変えたりしています。日本において最初にヨーロッパ児童文学の紹介をした巌谷小波と、同じ役割を果たすわけです。不思議と方定煥の代表的な号は「ソパ」といいまして「小波」と書きます。それが偶然の一致か、巌谷小波に敬意を表しての号か、ここははっきりしませんが、そういう翻訳物を朝鮮の少年少女たちのために捧げるという形で出します。これは近代児童文学という形では朝鮮で最初のものだろうと思います。

児童雑誌『オリニ』と「セクトン会」

日本の官憲の武力の前に敗北した一九一九年の三・一独立運動にある意味で失望した方定煥は、運動の方向を変えていきます。次の世代を担う朝鮮の主人公たち、つまり子どもたちに自分の生涯を捧げよう、という方向を打ち出したわけです。二三年には児童雑誌『オリニ』——子どもという意味ですが——を創刊します。これも朝鮮初の児童雑誌で、この雑誌によって作品発表の舞台が用意されます。

三・一独立運動は東京の留学生たちが火つけ役になりますが、朝鮮の児童文学も偶然のことにというか、不幸なことにというか、東京で誕生しています。これは日本との歴史の関係でいえば、一つの歴史の皮肉だろうと思います。

また、彼は六、七人の留学生に呼びかけて「セクトン会」という少年文化運動の会を結成します。口演童話の大会、教育講演会、児童絵画展、子どもの日の制定運動などを、ここでやっていくんですが、大学の休みのときは必ず国に帰って、少年文化運動と、その組織づくりをやるわけです。方定煥の東京の下宿には、特高刑事が一人は必ずついていました。三・一独立運動で活躍した民族指導者の孫秉熙《ソンビョンヒ》の娘婿ということもあって、マークすべき人物であったわけです。下関までは三人か四人の刑事が交代しながら尾行したといいます。

朝鮮の民族の歴史でいいましたら、彼は朝鮮の子どもたちのために彗星のように現れて、すばらしいプレゼントを残して、彗星のように去っていったわけです。奥さんは八十前後のはずですが、まだ健在です。とても不思議な思いがします。

ちなみに、彼の人柄・力量を見抜き、彼が思いきり仕事に打ちこめるようにバックアップした孫秉熙は天道教の教主であり、『オリニ』も天道教の出版社である開闢社が発行しています。方定煥は彼個人の力量もさることながら、人にも恵まれたと言うべきでしょう。

ついでに言いますと、南北ともに評価されている児童文学者といえば、方定煥と、後で紹介します李元寿です。彼の『故郷《コヒャン》の《エ》春《ポム》』あたりは、いまも総聯の学校でも歌いますし、民族的な童謡作家ということになると思います。方定煥は共和国の児童文学全集でも名前が必ずあがります。

『半月』を作詞、作曲した尹克栄

尹《ユン》克《ク》栄《ギョン》（一九〇三〜　）は、東京芸大の前身にあたる東京音楽学校に留学します。作曲が専門ですが、同時に童謡も書いています。自分で作詞、作曲しますから、ずいぶん才能豊かな方ですね。この方は、いま水原にお元気でいらっしゃいます。一度お会いしたいんですが、とある人に頼みましたら、もうハラボジ（おじいさん）ですからソウルの町なかに出て来れませんというふうに体よく断わられました。お前に会ったばっかりに命が縮まったと言われたら困りますので、遠慮しました。(笑)『パンダル（半月）』という美しい曲をご存じの方もいらっしゃると思いますが、詩もいいですし、曲もいいですね。日本の滝連太郎のような存在といったらいいでしょうか。方定煥はこの人と見込んで「セクトン会」に勧誘すべく、東京の尹克栄の下宿まで押しかけて「セクトン会」の会員になってもらっています。帰国後は「ダリア会」という、童謡を全国に広めようという会を組織してがんばられました。

創作児童文学の先駆者、馬海松

次は馬海松《マヘソン》（一九〇五〜六六）です。日本大学芸術科に留学しています。二三年、『岩ゆりと子星』という非常に幻想的な創作童話で彼はデビューします。これが二十歳前ですから、デビューがとても早いですね。どうやってデビューするかといえば新聞、あるいは雑誌の童話、童謡部門の入選というのが一つの登龍門です。大きくひっくるめまして、馬海松は創作児童文学の先駆者、方定煥は朝鮮児童文学の先駆者といわれています。馬海松は大学を卒業後も日本にとどまって、菊池寛に出会います。その出会いをちょっと調べかけています。誰か紹介者がいたとは書いてあるんですが、誰が紹介したのかということがわかりません。彼は、文芸春秋社に入社後、初代編集長になります。文芸春秋はいま大衆雑誌で分厚いですが、最初は新聞のような形式のものです。そして、モダン日本社という雑誌社を、お前にまかせるからというので菊池寛から譲り受けて、経営します。彼も「セクトン会」の会員です。

朝鮮からの東京留学組の人たちは、馬海松を快く思わなかったといいます。彼は日本の雑誌社にいて、日本の文壇ともつながりがある、あれは親日派だということです。東京大空襲の直後、馬海松は帰国しまして、随筆の中で、やはり祖国はいいということをしきりに書いてます。帰国後の活動などトータルに見て、彼は決して親日派ではなかったと私は思います。ちなみに、『ノンちゃん雲に乗る』などの作品で有名な石井桃子は、戦前、文芸春秋編集部にいました。ですから、若き日の馬海松を知っているわけです。石井先生に、一度当時のお話をうかがえたらと思ってお便りしたところ、手記のようなものでしたら、というお返事をいただきました。しかし、ずいぶん高齢の方ですから、実現するかどうかはわかりません。

彼は、韓国では成人文学、児童文学を含めて文学団体のトップをいくつか兼任します。ものすごくジャーナリスティックな才覚もあるということなんですね。五七年には大韓民国オリニ憲章の起草をします。彼の童話は、社会風刺とユーモアを特徴としています。李承晩政権の崩壊を予見したといわれる作品『花の種と雪だるま』もあり、政治的な先見性も、文学的な才能とともに見落とすことができません。それは当時の首相や朝鮮日報社長が友人であったという、彼の幅広い交友からくるものかもしれません。

鄭寅燮と李周洪

鄭寅燮《チョンインソプ》（一九〇三～八三）は早稲田大学留学後、ロンドン大学に留学しました。非常に優れた英文学者で、後には韓国外国語大学大学院の院長をつとめます。一九二七年に『温突夜話』という朝鮮民話集を東京で発行しています。これは再版が最近出ました。解放後、客員教授で天理大学にいらっしゃって、京都大学でも英文学を講義しました。この方の影響もあって、いま京都にいらっしゃる『ソウルの春にさよならを』を書かれた韓丘庸先生は児童文学を始められたわけですが、人と人との出会いの不思議さを痛感させられます。ともあれ、韓国を代表する英文学者が、童話作家でもあるわけです。また、「セクトン会」の活動も息ながく、終生続けた人です。

次に李周洪《イジュホン》（一九〇六～八七）です。今年二月に亡くなられました。この人は小説家です。児童文学畑でも、とてもユニークな作家です。童話はおもしろくなければいけないという人で、二、三年前の小さな文章でも、いまの韓国の童話はおもしろくない、テレビや漫画に子どもをとられてしまっているじゃないかと、若い作家たちにハッパをかけています。釜山水産大学名誉教授だった方で、釜山では一級の文化人です。書画の才にもたけています。自伝的少年小説『うつくしい故郷』は郷土色あふれ、多感な少年の成長小説になっています。

李元寿、十五歳で『故郷の春』を発表

次は李元寿《イウォンス》（一九一一～八一）です。彼は十五歳のときに童謡『故郷の春』を発表します。すばらしい詩です。これが『オリニ』に入選します。『オリニ』というのは、解放前の童謡詩人、童話作家の代表的な登龍門です。『オリニ』に発表しなかった童謡詩人もいないし、童話作家もいないというほどです。二年後には民族的な作曲家、洪蘭坡《ホンナンパ》の曲がついて、現在もなお歌われています。彼は解放前、文学サークル事件で治安維持法にとわれ、一年間獄中生活をしています。そのころの文学の仲間で、童謡を書いていた崔順愛《チェスネ》と結婚します。崔順愛には『兄《オッパ》さんの思い出《センガク》』という有名な童謡があります。解放後は、教師や出版社勤務をしながら、韓国児童文学家協会を創設します。朝鮮戦争では、お嬢さんが一人行方不明になっています。そんなこともあってか、彼の作品の主人公は、貧しさの中で苦闘する子どもたちや、戦争孤児の場合が多いのです。現実社会の不条理に対する彼の憤りが、静かに深く描かれています。しかも、ストーリーに起伏もあり、文学性の高さを決して失っていません。全三十二巻の全集が一昨年、ソウルで出ました。これはものすごい作品量です。

創作活動一本の生活に入ってからは、夕方になると後輩の童話作家を喫茶店に呼び出して話しこみ、あとは居酒屋という生活だったということです。酔えば趙容弼《チョヨンピル》の歌なども歌ったといいますから、ずいぶん気が若いというか、頭のやわらかさを感じます。また、「芸術に国境はない」と言って、日本の歌も飛び出したそうです。清貧に甘んじ、名を求めず、芸術と子どもたちを愛した文学者ということができます。晩年はガンに倒れますが、亡くなる数日前までベッドで童謡を書いています。私も、この分野への取り組みがもう三年早かったら、お目にかかれていたのにと、かえすがえすも残念です。

彼の葬儀に、日本人ではただ一人かけつけたという人が、東京で高校の先生をしていて、韓国の児童文学がとってもお好きという田坂常和先生です。李周洪・李元寿・朴洪根の三人の作家と特に親交のあつい先生です。李周洪の『韓国笑話集』(六興出版)の翻訳などもあり、日本児童文芸家協会の会員でもあります。

童謡ひとすじの尹石重

次に尹石重《ユンソクチュン》(一九一一〜)です。三二年には『尹石重童謡集』を出しています。二十一歳で、もう個人作品集があるというのは驚くべきことです。一昨年、ソウルでお目にかかることができました。童謡ひとすじ、なんと八千の作品を書いたという人です。童謡づくりの歴史があまりに長いものですから、笑えぬ笑い話があります。彼があるとき電車に乗っていると、向かいの女子大生たちが童謡の話をしていて、「あら、尹石重って、まだ生きているの?」と言ったのだそうです。それを聞いて、やむを得ず彼が言った言葉が「すみません。ここに生きています」。(笑)

ちなみに、解放前の特に有名な童謡詩人は、彼と李元寿、あとで紹介する尹福鎮の三人といわれています。

三三年、開闢社に入社し、方定煥が亡くなった後、『オリニ』の編集長を引き継ぎます。その後、朝鮮日報に入りまして、そこの奨学金で日本の上智大学に留学します。家族連れの留学でしたから、奨学金だけでは生活が苦しくて食べていけません。このとき、馬海松は経済的な援助もけっこうしたということです。その恩返しの意味もあると思いますが、小波賞、海松童話賞を後に制定しています。五六年に「セサック会（若い芽の会）」という会を何人かでつくりますが、実際には彼一人で運営にあたっています。

彼の童謡と児童詩の特徴は、端的に言って童心主義、天使主義です。子どもの心は天使である、童心は美しいんだという認識に立っているわけで、本来そうであってほしいんですが、現実問題として、子どもの心が天使のようであるというのは、なかなかむずかしいだろうと思います。一つの理想を追う、このあたりが彼の特徴でもありますし、子どもの心のとらえ方としては弱点にもなっています。ついでに言いますと、若い童謡詩人、児童詩人を育てないのが、いまひとつの欠点です。本気になって育てていけば、もっともっとすばらしい詩人たちが生まれただろうと思いますが。

次に金英一《キムヨンイル》（一九一四～八四）です。日本大学芸術科への東京留学組です。北原白秋の影響をつよく受けた児童詩を書きます。童謡はそれまで定型詩だったんですが、定型詩はやめよう、自由律の児童詩をつくろうということを主張しました。韓国児童文学会の会長もつとめます。

崔台鎬《チェデホ》（一九一五～八七）は、今年亡くなりました。小学校や中学校の先生もしたんですが、文教部編集官、教科書をつくったり、副読本をつくったりするような仕事をしたとき、創作童話を集めたことがきっかけで、自ら作品を書くようになったという方です。

朴木月《パクモグオル》（一九一六～七八）、この方も大人の詩から入った人で、そういう詩も多いんですが、自由詩を受け継いでいきます。

越南した作家たち

次は朴京鍾《パクキョンジョン》（一九一六〜　）です。彼はずっと童謡畑でがんばってきた人です。解放直後、あるいは朝鮮戦争の間に、五人の児童文学者が共和国から韓国へやってきます。朴京鍾、張《チャン》寿哲《スチョル》、朴洪根《パクホングン》、朴和穆《パクファモク》、金耀燮《キムヨソプ》です。この人たちの童謡、児童詩には、ほんとに郷愁あふれるものがあります。

現在、朴京鍾はソウル市内で徳成幼稚園という幼稚園の経営をしています。この幼稚園は朝鮮で一番歴史のある幼稚園です。彼は尹石重ほど多作ではありませんが、童謡・児童詩分野の大御所です。地味ですが、実感のこもった作品が多く、毎年一冊の児童詩集をいまも出しています。漢詩と書を愛し、山歩きと児童文学が長生きの秘訣だという人です。

話が脱線しますが、いい仕事をする人というのは、大体いい奥さんを持ってますね。(笑)この朴京鍾先生の奥さんも北からやってきまして、幼児教育の専門家で元大学教授です。馬海松の奥さんは舞踊家で、息子さんについてアメリカに渡り、いまはアメリカ国籍を取得しています。来年の四月から延世大学が一年間、舞踊の指導に招へいする予定ということです。解放前に半島の舞姫といわれた崔承喜《チェスンヒ》と同門です。それから朴洪根先生の奥さんは服飾の専門家で、元大学教授です。フランスに二年間留学もしています。その間、朴洪根先生は下宿住まいで苦労したということもありますが、いい仕事をしようと思ったら、やっぱりいい奥さんを持たなきゃいけないんじゃないでしょうか。(笑)飯を食わしてくれるような奥さんがいちばんいいだろうと、私はそう信じていますが。

張寿哲（一九一六〜　）は、韓国児童文学会の元会長です。

朴洪根（一九一九〜　）についてはすでに少し触れましたが、咸鏡道《ハムギョンド》の城津《ソンジン》——現在は金策《キムチェク》と名前が変わっています——の出身で、中学は旧満州にあった竜井という町の中学校に入ります。竜井は当時、反日意識が高く、中学校、女学校あわせて六つか七つあったといいます。文化水準も高く、民族独立の気概に燃えた町だったのです。彼の少年小説に『ヘランガンの流れる地』というのがあります。ヘランガンは竜井の近くを流れる川の名前で、抗日武装闘争の背後で機密文書の運び役をする中学生が主人公です。

彼は音楽家を目ざして東京の音楽学校予科に留学しますが、体をこわしたため文学に転向し、日本大学芸術科に学びます。帰国後、さまざまな職業につきながら、文学修行をします。また、解放前には習作原稿の押収や逮捕といった苦い経験もあります。童謡には越南後、取り組みます。これは一般的な話ですが、若いころは韻文、年輩になって散文を書くという傾向があります。これは日本も同じです。ちなみに、彼には芥川龍之介の作品の翻訳紹介という仕事もあります。

朴和穆（一九二三～　）は、現在、韓国児童文学会の会長をつとめています。歌曲『果樹園《カスウォン》の道《キル》』や『麦畑《ポリパ》』の作詞者としても、とても有名です。特に『麦畑』は、七〇年代反朴政権運動をすすめる学生や若者の間で、さかんに歌われました。彼はハルピン英語学校、奉天神学校を卒業後、満州をさすらって、解放になったときに戻ってきます。ピョンヤンの生まれですが、ピョンヤンに戻って、さらに南下して韓国で暮らします。

民話研究の孫東仁と反体制作家・李五徳

孫東仁《ソンドンイン》（一九二四～　）は童話作家ですが、いまは民話研究に打ちこんでいます。学生を連れてもう二十回、民話の採集に国内中を回ったという人です。説話文学的視点からの研究をまとめた『韓国伝来童話研究』という著書があります。仁川教育大学教授を来年退職したあとは、また創作に専念したいと語っています。

李五徳《イオドク》（一九二五～　）は、反体制の童話作家、児童文学評論家です。去年、この人の作品がすべて書店から姿を消しました。発売禁止処分です。そして小学校の校長先生を首になったというような戦闘的な人です。民主教育実践協議会の小学校部門のリーダーを彼がつとめていたわけです。盧泰愚氏の民主化宣言で、この会は今年六月に解散しています。今年の夏、ソウルに行きましたら、ある書店に発売禁止処分を解除された本のコーナーというのがありまして、そこで彼の評論集『詩精神と遊戯精神』を見つけました。若い小学校の先生を中心に、全国組織を持っていて作文教育の指導にも非常に力を入れています。

『赤毛のアン』を紹介した申智植

申智植《シンジシク》（一九三〇〜　）は女流童話作家としては最年長で、力量も作品数も女流ではトップです。お目にかかって話をうかがっていますと、いきなりすばらしい日本語が飛び出して、一瞬こちらがまごついたんですが、お年から考えると、なるほどなと納得した次第です。余談になりますが、年輩の作家は、最初は大体日本語で話をして下さいます。しかし、私のほうは、へたくそですが、朝鮮語しかしゃべらないことにしています。そのうち話に熱が入ってくると、例外なく朝鮮語になります。やっと佳境に入ったわけですが、早口になりますし、今度はこちらがおたおたすることになります。

さて、彼女は現在、梨花女子高校の国語の先生ですが、今年でお辞めになるそうです。大連の女学校時代に『白い道《ハヤンキル》』という作品を自分の日記のメモに書きます。これは日本語で書かれています。そして解放後、梨花女子大に進んで、懸賞募集で朝鮮語に直して発表し、デビューします。死への誘惑といいますか、死へのあこがれをテーマにした、非常に暗い時代を反映したような重たい作品です。

彼女はまた、『赤毛のアン』を韓国に最初に紹介した人でもあります。朝鮮戦争後の崩壊の中で、女生徒たちに何か与えるものはないものかと考えた彼女は、『赤毛のアン』の日本語版からの翻訳を思いつきます。ガリ版でプリントにし、教室に持っていくたびに教室がサッと静かになり、「次はどうなるの？」とせがまれ、訳のほうが追いつかないほどだったといいます。そんなわけで、彼女の名は現在のお母さん世代にとても有名で、創作もその世代にけっこう読まれているようです。

お父さんは大韓帝国の第一回国費留学生として日本に来た人で、三人か四人しかいなかったうちの一人です。水産学の勉強をして、後に釜山水産大の教授になります。また彼女のおいにあたる人は日本でも有名な陶芸家です。

崔仁鶴《チェイナク》（一九三一～　）は『大むかでたいじ』という日本語で書かれた民話集でも有名ですが、仁川にあります仁荷《イナ》大学の教授です。『韓国昔話百選』というのも、日本語で手に入るものです。

『韓国現代児童文学史』の李在徹

李在徹《イジェチョル》（一九三一～　）は、児童文学の研究者です。二十五年のキャリアを持つ第一人者といっていい人です。現在は檀国大学教授、韓国現代児童文学家協会会長で、児童文学評論社主幹、そして韓国児童図書評議会（ＫＢＢＹ）事務局長です。大邱《テグ》教育大学で教鞭をとっていたころ、児童文学について教えることになり、資料がほとんどないことを痛感し、研究の道に入ります。方定煥の『愛の贈り物』からはじまる朝鮮の児童文学作品を一堂に集めたところがあるわけはありませんし、研究はまず作品・雑誌収集から始まります。一九二〇、三〇年代の作品の収集が特に困難をきわめただろうということは、容易に想像できます。常識的に考えて、古くなった子どもの本や雑誌を大切に保存しておく家庭など、まずないといっていいわけです。古本屋に本が入ったと聞けば、ソウルから夜汽車に乗って釜山《プサン》までかけつけたといいます。

しかし、その労苦は実って韓国では唯一というような貴重な本をいくつも入手しています。そして、何よりも胃ガンという大病をおしての彼の数々の著作の中に、その成果が凝縮されています。七七年『児童文学の理解』、七八年『韓国現代児童文学史』、八三年『韓国児童文学作家論』『児童文学の理論』、『韓国児童文学研究』、そして現在、『世界児童文学辞典』を計画中です。『韓国現代児童文学史』は約六百ページという膨大なもので、内容は微に入り細にわたっています。ただ、共和国の児童文学の歴史的な研究はなされていませんが。これは彼の博士号取得論文となります。

ついでにいいますと、大学や大学院に児童文学の講座は現在のところ皆無で、教養課目、関連課目で講義のある大学がいくつかあるという程度です。彼自身にしても、自分の大学では現代文学の講義しかできません。卒論や修士論文に児童文学をとり上げる学生は、韓国全体で見て、やっとパラパラ出てきているという状況です。

童話作家夫婦、金耀燮と李寧熙

金耀燮《キムヨソプ》（一九二九〜　）と李寧熙《イニョンヒ》（一九三一〜　）は、ともに童話作家で、夫婦です。金耀燮は十五歳で毎日新報新春文芸に童話が入選してデビューし、二十歳には越南します。少年韓国日報の取材部長をしていたとき、李寧熙と出会います。彼は七〇年から『児童文学思想』という理論雑誌を十号まで出します。

一方、奥さんの李寧熙は十二歳まで東京で過ごし、あと、家族とともに浦項《ポハン》に引き揚げ、梨花女子大学英文科に進みます。特待生だったといいますから、才媛中の才媛です。大学院在学中に韓国日報の新進文芸に童話が入選してデビュー、少年韓国日報の初代編集部長を経て、文化部長、論説委員、そして国会議員と、多忙をきわめます。

『児童文学思想』には、上笙一郎の『児童文学概論』の翻訳紹介も一部あります。また、上笙一郎の奥さんの山崎朋子はアジア女性史の研究家ですが、『アジアの女アジアの声』（八五年）で、李寧熙にインタビューをしています。日本と韓国の二対の夫婦に、いろんな意味で共通点があるのもおもしろいですが、児童文学の交流という面でも、四人の存在は貴重に思えます。

劉庚煥《ユギョンファン》（一九三六〜　）は児童詩人であり、童話作家です。評論分野でも児童文学界の重鎮です。ハワイ大学留学後、『思想界』編集部長、朝鮮日報文化部長をつとめ、現在、論説委員です。

共和国で活躍した作家たち

次に解放後、共和国で活躍した詩人、作家について、少しお話しします。少しというのは、残念ながら手元に資料が少なく、また資料も古いため、正確を期することがむずかしいためです。

朴世泳《パクセヨン》（一九〇二〜？）は、児童詩人です。プロレタリア児童雑誌『星の国』の編集長もつとめました。宋影《ソンヨン》（一九三〇〜？）は一九二五年のカップの創建に参加し、『星の国』の編集にもたずさわります。後に共和国では朝鮮作家同盟常任委員、最高人民会議常任委員という高い地位にのぼります。民族の独立を説き、子どもたちにしたわれる先生が学校を追放される『追われた先生』は、彼の代表的短編童話です。ちなみに、この二人は日本で数年、労働者として暮らした経験もあります。

尹福鎮《ユンボクチン》（一九〇八〜？）は法政大学留学後帰国し、童謡にすぐれた天分を発揮します。李元寿、尹石重と並び称された人です。

李園友《リウォヌ》（一九一四〜？）は童話作家で、『斧将軍』、『青銅のかめ』などの代表作があり、後に作家同盟中央委員、児童文学分科委員会委員長をつとめます。『青銅のかめ』は強欲な地主が最後には自滅するという話を民話的な世界の中で展開させ、起伏にとんだ佳作になっています。

そのほか、姜孝淳《カンヒョスン》（一九一五〜？）、黄民《ファンミン》（？〜？）など、童話に佳作がたくさんあります。このうち、越北作家は朴世泳と尹福鎮の二人です。

ちなみに、童話作家ではありませんが、小説家の尹世重《ユンセジュン》（一九一二〜六五）に、『赤い信号弾』（六三年）という少年小説があります。これは朝鮮戦争で祖国解放のために闘う一人の少年の生いたちから、その活躍ぶりまでを描いた作品です。早稲田大学の朝鮮文学の先生である大村益夫先生が、一九六七年に翻訳出版しています。また、作家ウォン・ドホン（？〜？）の長編創作民話『セドリと魔法のツルハシ』も、南宮輝《ナングンフィ》によって一九六八年に翻訳紹介されています。これは東京の児童劇団「風の子」が『セドリと宝のツルハシ』という演目で、もう十年間上演していまます。侵略者（日本帝国主義）をはねのけていく民族の力という図式が、下敷きになっています。これは見ている日本の子どもたちにはそこまでわからないのですが、ずいぶん人気があるそうです。

児童雑誌あれこれ

解放前の児童雑誌は、最初は朝鮮語による発表ができていたわけですが、日帝の圧倒的な弾圧のもとで日本語による創作に切り替えさせられ、それでもプロ文学の臭いが強い、あるいは民族主義的な臭いが強いということで、どんどん廃刊に追い込まれます。筆を折る作家もいますが、同人の中の回覧雑誌の形にすればオープンにしないですみますので、細々とやっていくというようなことが解放直前まで行われます。ほとんどの雑誌がその姿をたどっています。

韓国で現在出ているもので見逃してはならないのは『児童文芸』、『カトリック少年』です。研究誌としては『児童文学評論』と『児童文学研究』です。特に『児童文芸』と『児童文学研究』の主幹、朴鐘炫《パクジョンヒョン》と厳基元《オムキウォン》は、ともに教職を退き、私財を投じて出版社や研究所をつくっています。児童文学の発展のために並々ならぬ奮戦をしている姿に、頭の下がる思いがします。共和国には『児童文学』があります。月刊のもので、これは手に入ります。

朝鮮を書く日本の作家たち

「オリニの会」というのが神戸にあります。「オリニ」は朝鮮語で「子ども」の意味ですが、朝鮮をあつかった日本語の児童文学作品を読み、紹介と批評活動をしようという会です。本日の講演の趣旨とはちょっと離れるかもしれませんが、ぜひ知っていただきたいし、こんな作品もありますよということでしたら教えていただきたいということで、お話しします。去年の八月に神戸で生まれました。私をふくめ会員七人ぐらいのささやかな会です。文学には素人ばっかりで、月一回の例会をもっています。現在、四十いくつかの作品をリストアップしています。

七〇年ぐらいから、日本の童話作家が朝鮮ものを書き出します。私はすばらしいことだと思います。植民地時代へのきっちりした反省というか、歴史認識を持ったうえで、強制連行の問題、在日朝鮮人と日本人の子どもたちの友情の問題、南北分断と肉親の心の痛み、植民地時代の民族意識や民族をこえた友情、古代の若者の交流とかをモチーフに、けっこう幅広く、歴史的にも古くたどっていくような、味わいのある作品、迫力のある作品がけっこう出ました。それはなぜかというと、一つには作家としての力量の成熟ということが基本にあるだろう。朝鮮を描きたい、あるいは朝鮮と日本のことを描きたいという思いと、取材をし、構成を考え、人物の個性づくりをし、舞台のうえで生かし、文学的に完成した作品世界を筆の力でつくるという実際の作業とのギャップが縮まってきたといえます。それには、やはり時間も必要だったのではないでしょうか。

わからないものというのは、作家にしてもこわくて書けません。日常生活のレベルにせよ、歴史的事象のレベルにせよ、人間の本質にかかわるテーマを朝鮮、あるいは日本と朝鮮との関係の中に見出し、わかり、受けとめる努力がなされていることが、とても貴重なことだと思います。

一方、手放しで喜べないことも、またあります。小林千登勢の『お星さまのレール』です。お父さんがいまの共和国のダム工事の電気関係の技師だったそうですが、解放後、引き揚げまでの間に朝鮮人にいじめられ、ロシア人にいじめられたということしか書いてない作品です。小林千登勢が引き揚げるときにはまだ小さくて、植民地という意味がまだよくわからなかったとしても、それから四十数年たっているわけですから、大人の目で見て一つの価値判断があるべきじゃないかと思いますが、こんなひどい苦労をしたんですよということは書いてあっても、植民地ということには一つも触れておりません。はっきり言えば、それへの反省も、歴史認識もありません。

こうなれば出版社の姿勢にも、私は問題があると思います。小林千登勢の顔で書かせれば売れるだろう、という感じですね。だれしも自分の作品を一冊持てるとなったら、これは魅力だろうと思いますけど。女優さんの中でも、もっとアジアに対して歴史認識のしっかりした女優さんに先だってお目にかかりました。そういう人と比べたら、何とも無思想な感じがします。子どもに悪影響しか与えない、朝鮮というものが何にもわからなくなる作品だろうと思います。こういう傾向の作品もはばかりなく出てくるようになったのですから、危険な要素も含んでいるわけです。児童出版社もいまは本が売れませんから、何か目新しいものを求めるということもあります。

ここで「オリニの会」の、ぜひ、これだけはという推薦図書をあげてみたいと思います。『むくげとモーゼル』、『国境一部・二部』（しかたしん）、『消えた国旗』（斉藤尚子）、『ソウルの春にさよならを』（韓丘庸）、『キムの十字架』（和田登）、『アリランの青い鳥』（遠藤公男）。最後に中国をあつかったものですが、『二つの国の物語』（赤木由子）です。

出でよ、日本人翻訳者

最後に、今後の展望ということで、長々しいお話をしめくくらせていただきます。『季刊メアリ』は、残念ながら私個人でやっています。ぜひとも仲間がほしいなと思っています。李在徹先生がおっしゃるには、作品を読むだけでも四、五年かかるとのことです。これは朝鮮人が読んでということで、朝鮮語のへたくそな私なんかが読みましたら十年はかかります。そのうえ、共和国の作品もあります。としましたら、翻訳紹介というような仕事は個人の力だけでやれるようなものではないということです。

韓丘庸先生は、『日本児童文学』に作品の翻訳やら、作家の紹介やらをしています。また田坂常和先生は『日本児童文学』と『児童文芸』で、少しやっています。そんなことで、朝鮮児童文学の本格的な翻訳研究者は日本人ではだれ一人としていないのです。なぜかというと、これははっきりしていまして、飯が食えないからです。ボヤいていてもはじまりませんので、現段階では小さな力を合わせるしかないと思います。ぜひ一緒に取り組む人がほしい、仲間がほしいと、切に願っている次第です。

次の課題は、前に述べましたように翻訳作品の刊行ということです。児童書として市場に乗せませんと、まずだれも朝鮮児童文学の存在に気がつかないでしょう。『季刊メアリ』のようなことをちょこちょことやっていても幅は広がらないだろうと、客観的には言えます。将来は単行本はもとより、朝鮮児童文学全集なども出現させねばなりません。

去年、中国児童文学全集第一期、全十二巻が太平出版社から出ました。若手の作品ではなくて、もう評価の定まった古い作家たち、あるいは亡くなった魯迅あたりの年代の作家の紹介です。太平出版社の社長さんはあまり売れるようには言いません。図書館には入っても、個人ではなかなか買ってもらえないようです。しかし、この全集の刊行は、アジアの児童文学の紹介という点から見て画期的なことです。ぜひ朝鮮の作品も、子どもたちが日本や欧米の児童文学を読むように、手軽に手に取るようにしたいと思います。

児童文学の交流に努力を

次は日本と南北朝鮮との児童文学交流という課題です。これには作品の交流(翻訳)、作家の交流、研究者の交流と、三つあります。

去年、野矢一郎さんの『転校生とぼくの秘密』が発行の六ヵ月後に韓国で翻訳され単行本で出ております。題は『ナヌン　ハングッサラミムニダ（ぼくは韓国人です）』という題です。ぼくの秘密というのは、実は在日朝鮮人の子弟なのです。そこに初級学校からものすごく胸をはって朝鮮名を名乗る女の子が転校してくるわけです。二人の友情と民族性への目覚めを描いたものです。日本の作品のうち韓国・朝鮮民主主義人民共和国で翻訳出版されたものは、この作品以外にはまずないといっていいと思います。あるとすれば、日本語のできる年配の作家が短編や児童詩を翻訳して、ときどき雑誌に載せる程度です。その意味では、現在、大阪の梅花女子大学で日本児童文学を学ぶ韓国からの留学生の存在は、二十年後、三十年後を展望するときに、とても貴重に思えてきます。

ソウル市立オリニ図書館というのがありまして、そこを訪問したとき、ずいぶんショックを受けました。日本文学の棚がなかったのです。アメリカ、イタリア、フランス文学などの棚はありましたが、日本という国が全くないわけです。非常に残念な気持ちでした。しかし、これもよくよくふり返って考えれば、日本の場合も世界児童文学名作全集の中に朝鮮という名前は全くない、中国までです。単行本で、日本人が訳したものでは、さきに述べた大村益夫先生の『赤い信号弾』と、塚本勲先生の『ユンボギの日記』と、詩人の茨木のり子さんの『うかれがらす』の三作のみです。以上でわかりますように双方が全く同じ状況なわけです。これでは子どもたちはお互いに知ろうにも知ることができないだろうと思います。そういう状態だろうということは予測してはいましたけれども、やはりショックでした。甘いと言われればそれまでですが、これは今後双方の大人たちが相当な努力をしないと、何ともならないことだろうと思います。

それにしましても、韓国の年配の童話作家や研究者は日本の作品のことをよく知っています。日本語が読めるということもあると思いますが。「『コタンの口笛』がいいですね」、「『太陽の子』の灰谷さんていいですね、神戸にいるでしょう」とか、「『龍《たつ》の子太郎』が好きです」とか、いろんなことをおっしゃいます。そして日本児童文学の主要論文もよく読んでいます。同じようなことを、中国児童文学を研究している日本人も指摘しています。北京の児童文学研究所で松谷みよ子さんの作品を翻訳なさったりしている先生は、日本の文学状況をほんとうによく知っていて、知らないのはこちらばかりという感じがします。日本は、こういう文化の面でも常に注視されているんだなと思います。それに比べて日本側の努力が不足している気がしてなりません。

三十年先、四十年先を見こして

八四年、大阪に国際児童文学館ができました。早稲田大学の鳥越信先生が大学をお辞めになって、蔵書を引っ下げて来阪し、大阪府にかけあって設立されました。予算は府で、運営は財団がやります。私はこうした公的機関ができたことを、外国の児童文学に目を向ける者の一人としてやはり喜びたいと思います。しかし、問題がないわけではありません。当初、二十人のスタッフを予定していたのですが、いまのところ八人しかいません。それも研究者待遇という構想だったのですが、よくわからない専門員という職名になって、雑用もたくさんあるそうです。そして、その中にアジアの児童文学の専門員はただ一人もいません。朝鮮よりももっと需要があるだろうと思われる、中国児童文学の専門員もおりません。

朝鮮の作品は大阪の領事館が九百冊を設立時に寄付して、あと買い足して、いま千冊以上あります。それに比して共和国のものは数冊しかありません。これは公的機関としてはずいぶん問題だろうと思います。

今後の運営努力に期待する部分が大きいわけですが、研究者の交流の場ができたということができます。中国の研究者が数ヵ月、この機関で研究するという話も聞いたりします。

最後に、朝鮮児童文学会の必要性についてですが、実は成人文学の文学会というのも、独立した形では現在ありません。同様に児童文学会もないわけです。しかし、現在が、三十年、四十年先を見こして大人たちががんばっておくべき時期ではないかと思います。児童文学を愛し朝鮮に心を寄せる日本に住む者たちが、立場の違いをこえて一堂に会する場をつくる必要があるだろうと思っています。

（注）季刊メアリ作品目録

創刊号（八三年十月十一日）
創刊にあたって　仲村修
万年シャツ　方定煥
うさぎとさる　馬海松
作家紹介〈方定煥〉〈馬海松〉
第二号（八四年一月三十一日）
野火（童詩）　李元壽
湖底の小さな家　李元壽
青銅のつぼ　リウォヌ（李園友）
子どもたちとともに永遠の真の命を（追悼文）李五徳
作家紹介〈李元壽〉
第三号（八四年四月三十日）
半月（童謡）　尹克栄
南瓜花のちょうちん　姜小泉
山びこ　李周洪
石のチャンスン　李周洪
いちばん大きな力　キムドビン
作家紹介〈李周洪〉
第四号（八四年七月三十一日）
ノマ（童詩）　朴京鍾
海辺で（童詩）　朴京鍾

地下
天下大

第二章　在日朝鮮児童文学を語る

児童文学者・韓　丘　庸

はじめに

韓丘庸《ハングヨン》です。私の創作体験と合わせて、在日朝鮮人の児童文学についてお話ししたいと思います。

ご存じのとおり、児童文学と申しますのは、大人の文学ほど華やかなものではありませんので、興味を持っておられる方も少ないことですし、また書店に行っても、大人の文学ほど大きな場所を占めてアピールされるようなわけでもありません。非常に地味な文学の一つです。ましてや在日朝鮮人の児童文学というのは、はたしてあるのかとまでいわれるくらいですから、今日お話しいたします在日朝鮮人の児童文学としての市民権は、はたして、われわれ在日朝鮮人社会の中で、また日本人の社会の中で、実際にしっかりしたものとして根づいているのかどうかということを、皆さんと一緒に考えていきたいと思っています。

私は児童文学をやり出して三十年以上になります。日本児童文学者協会に入りまして、かれこれ二十三年になりますが、その間、日本の児童文学においても、いろいろと紆余曲折がありはしましたが、現在は、表向きには「児童文学花盛り」という言葉をさまざまな形で使っています。ところが花盛りであっても、花の命は短くてといわれるように、実際には子どもの本が皆さんの目にとまる期間は非常に短いものであり、なかには同人誌の中でそのままひっそりと消えていく、いわゆる一般の人の目、子どもの目に触れることなく、いつの間にか消えていく児童文学作品は数えきれないほど無数にあります。現在、日本全国で二百三十以上の児童文学同人誌があります。つまり、子どもの文学団体が出している雑誌です。定期的に出しているのもあれば、季刊で出すもの、不定期で出しているものもあります。その中には毎月のように、新しく創刊号として出されるものもあれば、終刊号で消えていく同人誌もあります。そういう中で、在日朝鮮人の児童文学同人誌は、はたしていくつあるかといいますと、現在、京都にあります『サリコ』(萩の花という意味)、東京に『とんふぁ』(童話という意味)の二つしかないんです。これ一つをみても、それだけ在日朝鮮人児童文学が根づくことがいかにむずかしいかということがいえるのではないかと思います。

私が今日ここでいろいろお話しさせていただくこともそうですが、いままで在日朝鮮人の児童文学というのはあまり語られることがありませんでした。また、それらをまとめたものとしても、これといってありませんでした。いままで、いろいろ集めてきました資料を一つに集約して、機会があれば出していこうという予定で、試験的にやっています。いま、そういう作業をやっている途上にあるわけです。ですから、在日朝鮮人の児童文学とはこういうものだという、はっきりとしたものには、まだなっていませんので、そういうこともあわせて、皆さん方のご意見もまた聞かせていただけたらと思っています。私は緊張してしゃべりますと日本語が非常にしゃべりにくく、スムーズにいきません。一対一でしゃべっていますと、ざっくばらんにしゃべれるわけですけれど、長年、朝鮮語で創作したり、日本語で創作したりして、両刀使いでやっていますと、日本語が非常に疲れるのです。お聞き苦しい点もあるかもわかりませんが、よろしくお願いします。

先ほど司会の仲村先生のほうからお話がありましたけれども、一時間二十分ぐらいお話しさせていただいて、その後、いろいろとまたご質問いただけたらと思います。

解放前の在日朝鮮児童文学

児童文学は先ほど申しましたように非常に地味なものですが、そのことは日本も朝鮮も同じことがいえます。日本の児童文学がヨーロッパの児童文学におんぶされて今日まで発展してきたのと同じように、朝鮮の場合は、日本の児童文学からそれを受け継いで咀嚼《そしゃく》し、そして吐き出し、また咀嚼するといった、こういう作業を繰り返しながら児童文学になじんできました。これは解放前の、いわゆる日本の朝鮮植民地政策の中で、そのように勉強せざるを得なかったという当然の経緯があります。ですから、児童文学そのものを研究する人も少なかったことですが、またそれ以上に日本の子どもよりも朝鮮の子どもは、もっとなじみにくかったと思います。ましてや日本にいる朝鮮の子どもは生活も苦しく、経済的にも貧しかったので、あらゆる制約を受けながら生きていましたから、親も子どもも、文学に親しむということはむずかしいことでした。親も毎日の生活に追われてきゅうきゅうとしていたものですから、子どものことまで目が行き届きませんでした。

解放前は皆さんご存じの金素雲《キムソウン》さんとか、鄭寅燮《チョンインソプ》さん、こういう人たちが朝鮮の児童文学を翻訳して日本に紹介する仕事をしていました。たとえば、現在、岩波から出ている『ネギをうえた人』、『朝鮮民謡選』、『朝鮮童謡選』、『温突夜話』、こういったものがいまも版を重ねています。しかし、日本にいる解放前の子どもたちに朝鮮のものとして伝えていく作業というのは、せいぜいそれぐらいしかなかったのです。

もちろん、大人の文学はいろんな形で紹介したりする人たちはいましたけれども、子どもの本は地味でしたし、ほとんど目につきませんでした。殊に、最近、民話とか絵本が非常によく出回ってきています。世界の民話史上、朝鮮もすばらしい民話をたくさん持っている国ですが、残念ながら、一九四五年以前は植民地政策の中でほとんど日の目をみずに来ました。金素雲さんたちが一生懸命それを掘り起こして、日本語に訳して後世に伝えようということで、がんばって仕事をされたものが現在、残っているわけです。私が今日、ここで申しあげる在日朝鮮人としての児童文学というのは、どちらかといえば解放後、一九四五年、第二次世界大戦が終わった後の、今日まで四十二年になる、その間、児童文学はどのようになってきたかということを、大まかに拾っていきたいと思います。

民族教育からのスタート

一九四五年八月の日本の敗戦と同時に、在日朝鮮人もがんじがらめにされていた植民地政策の桎梏《しっこく》から解放されて、祖国を取り戻しました。祖国を取り戻したということは、母国語を再び自分のものにしたということから始まるのです。それが、在日朝鮮同胞の一世が民族教育をがんばってやろうというところにつながっていきます。いままで民族教育を自分たちの手で教育することができなかった、解放後初めて、自分の子どもの教育を自分の手でやろうということになるわけですから、これは韓国系の人も、また朝鮮民主主義人民共和国系の人も考え方はみんな同じでした。自分の子どもには母国語で民族教育をさせようということでスタートしたわけです。ところが、ご存じのとおり、現在、南北朝鮮に分断されて、それがそのまま日本でも同じように投影されて、南北朝鮮に同胞社会が分断された形をとるようになってしまいました。

最初はそうじゃなかったんですね。一九四五年に解放されたときは、みんな一緒に、北を支持する人も南を支持する人も、万歳《マンセー》を叫んで喜んだわけなんですけれども、祖国が二つに分かれると同時に、日本に住んでいる在日朝鮮人同胞も二つに分かれてしまったのです。ですから、いまでも私の兄弟や親戚が一つに集まりますと、南系の人と北系の人がいます。結婚式をしますと、北系の人と南系の人と、言ってることも、各々そのやり方も違ってきます。最近では帰化をした人もいます。日本の人と国際結婚をした人もいます。そういう人たちが一つのテーブルに座ってにぎやかに話をしたりしているうちに、お互いに違和感を持ったり、生活の習慣やものの発想や、主義主張が違って、いろんなものがずれてきたりして非常に疲れる思いをするのです。そういう多様化した社会の中で在日同胞は生活しているわけです。

南北分断後の流れ

解放後、このように北を支持する人、南を支持する人が二つに分かれたまま物事を見たり考えるようになって、そのまま現在まで四十二年間、続けてきました。ですから、児童文学も二つあるわけです。日本でも、日本児童文学者協会と日本児童文芸家協会、また日本児童文学学会があります。韓国にも韓国児童文学家協会と韓国現代児童文学者協会、韓国児童文学会と三つあります。これがものの考え方とか、志向するところがちょっと違うわけです。どちらかが若干革新的で、どちらかが保守的だということで、分かれているわけです。また、北の共和国では朝鮮作家同盟の中に児童文学分科会があります。ことに国が南北に分かれて、思想、信条、制度、あらゆる生活形態が全然違うようになってきますと、ものの考え方も自ずと違うようになってきて、日本に住んでも在日同胞も考え方が違ってきます。皆さんもご存じのことと思いますけれども、朝鮮総聯系はいわゆる共和国系で、在日本朝鮮人総聯合会という大衆団体の略称です。そこに何らかの形で所属していたりつながっている人、そういう中でものを書いている人、つながってなくても、そういう方向でものを書いている人たちを総称して、そう呼んでいます。また一方、大韓民国を支持する在日本大韓民国居留民団というのがあり、略して民団といいます。そして、そういう団体に所属して、そういうものの考え方でものを書いたり考えている人たちが所属することになります。心情的にはどうであれ、そのどちらにも属さない人もたくさんいます。

ところが、これは後ほど申しあげますが、現在、在日朝鮮人で児童文学をやっている人たちを見ますと、これは児童文学だけに限らず大人の文学もそうですけれども、圧倒的に元朝鮮総聯系か現在総聯系の人が多いのです。なぜ多いかということは、また別の問題になります。ことに児童文学に関してはほとんどの人が総聯系で、ものの考え方、自分の持っている世界観、人生観、哲学観とかをそういう方向で見出している人たちが圧倒的に多いわけです。創作、民話、絵本、ノンフィクションというふうにジャンル別に作家の名前をあげて行きますが、こういう人たちをみますと、ほとんどが元総聯系か現在総聯系、あるいはその隊列に何らかの形でかかわっている人たちということができます。じゃ、韓国を支持する側の民団系に所属して書いている人が全然いないかというと、そうでもありません。ほんのわずかに、いることはいるわけです。自分の趣味でやっている人もいるかもわかりませんけれども、いまのところ、なかなかつかめません。児童文学をやっている人が全国のいろんなところにいると思われますが、誰がどこでどういうものを書いていて、どういう活動をしているかが、つかめずにいます。そういう情報が入ってこないのと資料がないので、なかなか一つのものにはならなかったんですが、今回、いろんなところから協力を得て集めた資料とかを全部ひっくるめて、ある程度の流れをつかもうということで整理したのが、京都児童文学会の機関誌『やんちゃ』四十六、四十七号に掲載した評論「在日朝鮮人文学としての児童文学」です。こうやってみると初めて、朝鮮総聯系の人、北を支持する人のほうがいかに多いか、いかに強いかという感じがしてきます。

「在日朝鮮人文学」の定義

先ほどから私が申しあげていますように、「在日朝鮮人文学」という言葉を使っているのですが、皆さんの中にもお聞きになっている方もおられるでしょうし、あまり聞き慣れない言葉だと思っている方もおられると思います。「在日朝鮮人文学」という言葉がもともとあったわけではないんです。わかりやすく言えば、日本に住んでいる朝鮮人が文学をやっているという、言葉どおりのことですね。けれど在日朝鮮人、日本に住んでいる朝鮮人は、いままで自分のことを「在日朝鮮人文学」なんて、普通はあまり言いませんでした。これは日本人が日本に住んでいる朝鮮人の文学を、ある意味では線引きをして言っているわけです。一生懸命、日本語で書いてる文学であるけれども、どこか、ちょっと違う。同じ日本語で書いている文学であっても、その経緯も違うのです。その人たちがなぜ日本語で書くのか、なぜ日本語で書くことにこだわるのか、たとえば金石範《キムソクポム》さんなんかが非常にそのことを強調しているわけです。自分が奪われた国の言語を使って、なおかつ日本で創作をするということが何なのかということです。ですから、これは日本人側からつけられた言葉なんですね。しかし、最近では朝鮮総聯系の人たちも「在日朝鮮人文学」という言葉を、もう少し別の意味で使うようになりました。

たとえば李恢成《イフェソン》さんが書いて芥川賞を受賞した『砧打つ女』、亡くなった金鶴泳《キムハギョン》さんの『凍える口唇』なんかは韓国で翻訳されて、世界文学全集の中に入っているんですが、それが世界文学全集の中の「日本編」の中に入っているのです。日本編の中に翻訳されて入っているということは、韓国では「在日朝鮮人文学」なんて全然考えてないんですね。さしずめ日本文学、朝鮮人による日本語で書かれた日本文学なんです。同じ日本文学であっても、日本人の書いたものとは異にするという意味で、日本文学の亜流だなんていう人もあるわけですが、その程度にしか見てないのですね。ですから、現在も日本語で何人かが日本の文壇でものを書いています。そういう人たちを指して「在日朝鮮人文学」だというような見方をしているんですが、現在、二世、三世、四世と世代の交代が行われてきて、新しい書き手が現れてくると、従来のような形では「在日朝鮮人文学」が語れないということになってきました。

というのは新しい形、つまり在日僑胞文学、言い換えれば日本語で書いてる作家もあれば、四十何年間ずっと朝鮮語で創作を続けている作家もいるわけです。中には、私どものように必要に応じて朝鮮語で書いたり日本語で書いたり、両方で書いているものもいます。こういうものを全部ひっくるめて「在日朝鮮人文学」という具合に見ていかないと、これからはいろんな弊害が出てくるんではないでしょうか。たとえば、つかこうへい（金峰雄《キムポンウン》）とか、去年、中央公論の女流新人賞をもらった西本陽子（金陽子《キムヤンジャ》）は『ひとすじの髪』というのを書いています。また、『どらきゅら奇談』で今年の中央公論の新人賞を受けた香山純は大阪の人ですが、これは本名が朴純《パクスン》。日本名を使っていて、作品からも、自分のペンネームからも朝鮮人のかけらさえ見出すことができないのです。こういった新しい作家群がどんどん出てきています。そういう人たちの書いている文学をもひっくるめて在日朝鮮人文学というべきなのか、片方では朝鮮語で創作をして本を出している人もどんどん出てきていますが、こういう人たちのことをどういうのか。そういう問題もあって、新しい問題提起をも含めて見ていかなければならないのではないかと思います。

成人文学作家による児童文学

そういった中で、子どもの文学について、これからお話を続けるわけですが、子どもの文学として本格的にやろうという人たちが出てきたのは、一九七〇年代の後半からです。といいますと、一九四五年の解放から十五年ほどの間は、子どもの文学はどうだったかという問題はあるのですが、なかなか、この間のものとしては資料も少ないうえに、表立っては出てきませんでした。大人の文学の片手間に子どものものを書いてきた人たちはあります。解放前は金素雲とか鄭寅燮、金《キム》史良《サリヤン》、張《チャン》赫宙《ヒョクチュ》、こういった人たちの名前があげられますけれども、金素雲さんについては先ほど少し申しあげました。

鄭寅燮さんは長い間、韓国外国語大学大学院長で、韓国の子どもの文化を中心にした「セクトン会」という会を創設した人の一人です。子どもの本をずいぶんたくさん紹介して、韓国ででも韓国語に訳して出しています。早稲田大学英文科を出て、ロンドン大学の音声学の教授をしており、非常に子どもの文学に対しても積極的に取り組んできた一人です。私はこの先生に、解放前の朝鮮の子どもの文学について教えてもらって、子どもの文学をやってみようかなという気になりました。日本では神戸外国語大学と天理大学、京都大学に、六年ほどおられました。もう、いまから二十七、八年前になりますか、非常に優れた児童文学者の一人でしたが、一九八三年に亡くなりました。金史良という人は、ご存じのとおり『光のなかに』という作品で寒川光太郎と芥川賞を争ったという人で、現在、朝鮮民主主義人民共和国で『金史良作品集』というのが朝鮮語で出ていますけれども、一時期、日本で活躍した作家の一人です。張赫宙は昔、『改造』という雑誌がありましたが、その懸賞募集に朝鮮で応募して、それが当選して、その旅費で日本に渡ってきたといういきさつがあります。そして日本語で戦前ずっと活躍をしてきました。解放後、帰化をして野口赫宙と呼んでいます。こういう人たちが、翻訳の紹介などで子どもの作品を少し手がけた面があります。しかし、あくまで大人の文学の作家ですね。

それから一九五五年の五月二十五日に朝鮮総聯が結成されました。そのころ、金達寿《キムダルス》、金石範、張斗植《チャンドウシク》、李殷直《イウンシク》、尹紫遠《ユンジャウォン》、金泰生《キムテセン》、朴元俊《パクウォンジュン》、こういう人たちが大人の文学で活躍しておられて、皆さんもご存じの方もおられると思います。もう亡くなった方もおられますけれども、朝鮮総聯の傘下でずっと活躍をしてきました。詩人では許南麒《ホナムギ》、呉林俊《オイムジュン》、彼はもう亡くなりました。それから関西には金時鐘さんがいます。こういう人たちは、みな朝鮮総聯の隊列の中でものを書いてきました。

「文芸同」の結成

それから一九五九年に「文芸同」が結成されまして、それで初めて子どもの文学をやる人が少し出てきました。李錦玉《リクモク》、李恢成、高賛侑《コチャンユ》、辛栄浩《シンヨンホ》、韓丘庸などです。李錦玉さんというのは絵本とか民話をいまたくさん出しています。もう五、六冊、いい本を出していますね。李恢成さんは先ほど少しお話ししました。このころ『夏季学校』とか『白い砂』という、子ども向けの作品を一緒に書いたことがあります。このときは朝鮮新報社で新聞記者をやっていました。高賛侑さんは現在、大阪で『サンボン』というミニコミ誌をやっています。辛栄浩さんは私と一緒に『故郷同人』という同人誌をやっていて、そこで高学年向きになりますが、『積乱雲』とか『歯車の音』

など、子ども向けのいい作品を書いていました。

正式には文芸同というのは「在日本朝鮮文学芸術家同盟」という朝鮮総聯系の傘下団体で、いまも日本で唯一の文学芸術団体です。文芸同が結成されて文学活動をやろうということで華々しくスタートしたのですが、それでも子どもの文学は全然目立たない存在でした。このころ、私はまだ二十三、四歳ぐらいで、子どもの文学をやり出そうかといったころなんですね。

新しい生き方を目ざす創作活動

児童文学の本格的な創作活動なんですが、一九五九年に帰国問題が起きて、そのころから李恢成さん、辛栄浩さん——現在は京都の朝鮮初級学校の校長先生をやっておられますが、その方々と一緒に子どものいろんな作品を書き出しました。しかし、これはあくまでバラバラで、一ヵ所に集まってやるようなことはなかなかできませんでした。辛さんは同じ京都ですから、私と同人雑誌を出していましたが、それが申しあわせたように同じような作品を書くんです。というのは、新しい朝鮮人の生き方、そうした力強い民族教育を受けることによって、従来のウジウジした朝鮮人像から脱皮して新しい朝鮮人の生き方、子どもを育てようという方向性を持った作品を模索していたわけです。相談したわけじゃないのですよ。ただ、出てきた作品はみな似たような作品になってくるということでした。七三年に単行本になった『海べの童話』という私の作品があるんですが、これは共和国の創建十周年記念の文芸作品の懸賞募集があって、出したら入選してしまったんです。それで、子どもの文学を本格的にやったらいけるんじゃないかと思ったのです。まだ、このときでも私は大人の文学を書いていましたから、児童文学とはどういうものかということも皆目、見当がつきませんでした。

　そして詩人の許南麒さんとか金達寿さん、それから今は亡くなった金民《キムミン》さんが『新しい世代』という雑誌——これは在日朝鮮人の青年を主体にした月刊雑誌でありますが、これをつくろうと思っているので『海べの童話』をそこに連載したいから許可してほしい、一度会いたいからということで京都駅に出ていきました。私はそのとき丹波の田舎におりましたので、京都駅に出てきて、初めて金達寿さんや許南麒さんに会ったんです。それはうれしかったですね。丹波の奥のほうで、まだ電気も何もない、ランプ生活を十七、八年やっていて、そこから京都駅に出てきたんですから、見るものが全部新しい。世の中がパーッと変わったみたいで、一緒に文学をやろうと言われたことだけで、うれしかったのです。そのころ、この人たちは、在日朝鮮人文学を自他ともに認めている、そうそうたる人たちでしたから、そういった意味でいろいろと教えてもらいました。その雑誌はすぐにはできませんでした。それから四、五年してから『新しい世代』ができて、現在もずっと続いています。朝鮮青年社というのがありますね、そこから出しているのが、それです。『海べの童話』は一九七三年に単行本で出版されました。

本格的な動きは七〇年代後半から

それでも、そのころ子どもの作品は、これといったものがなかったんです。実際には、朝鮮総聯が子ども向けの雑誌を出したのは、ずっと後になってからです。京都児童文学会の機関誌に、その史的おぼえ書を書いていますから、ぜひ見て下さい。それには解放後の一九四五年から今年までの分の年譜が全部出ています。現在、日本で在日朝鮮人作家の書いたもの、小さなエッセイから長編まで、単行本になったもの、なってないもの、全部年譜になっていますから、これを見ていただいたら、いま私が申しあげている流れがわかってもらえるものと思います。それから高《コ》史明《サミョン》さんが『生きるための意味』を出して、日本児童文学者協会の協会賞をとったのが七四年ですね。一九七〇年代の後半から、在日朝鮮人の児童文学が本格的に動き出しました。しかし、それもバラバラに動き出したということです。そのころ高賛侑さんが『文化祭』を書き、卓峰《タクポン》さんが『遠い日の童話』、高甲淳《コカプスン》さんが『望郷』などを書きました。この方は女性ですけれども、残念ながら三年前に亡くなりました。こういう人たちがやり出したのです。全国的にはバラバラではあっても、児童文学をやっている人がいるんだなということがわかってきました。

そのころ、東京に「とんふぁの会」ができまして、尹正淑《ユンジョンスク》さん、金修二《キムスニ》さん、梁文姫《ヤンムニ》さんたちが「とんふぁの会」で童話を書いてきています。ただ、先ほどから言ってますように、児童文学がなぜ市民権を得られないかという問題は、一つには、こういう人たちが活躍をしている割には、しっかりした本として皆さんの目に触れないからなんですね。これが、私たちには決定的な問題になるんですよ。現在、どんなものでも書けばすぐ本になって書店に並ぶという日本の出版状況がありますが、在日朝鮮人作家の書いたものはすぐ本にはならないし、かりに本になっても、それが書店では目につきません。そのうえ、先ほど申しあげましたとおり、はたして、誰がどこで何をやっているのか、なかなかつかめないということも、市民権が得られない問題ともつながります。この「とんふぁの会」の人たちは非常に古いんです。一九七四、五年ぐらいに会ができて、それからかれこれ十七、八年やっているんですけれども、単行本を持った人が高甲淳さんだけです。それも、亡くなった後、遺稿集として出されたものです。いろんな雑誌で作品発表はしているんですけれども、一つも目に触れないということです。

ところが、その後、元《ウォン》静美《ジョンミ》さんの『ウリハッキョのつむじ風』が八五年に出たんですが、この人はいままで児童文学をやったことがない人で、一冊書いたら、それが好評だったのです。朝鮮の学校で民族教育を受けている子どもの姿が生き生きと描かれているということで、評価を受けています。そのほかに梁《ヤン》敏子《ミンジャ》さんの『やせっぽちのチア——カンボジア少女の記録』、これは日本にいる人ではありません。国連の事務官かなんかをやっていてニューヨークにいる人です。ですから、特にこの本以外には出ていません。現在ここでお話し申しあげているのは、みな日本語で出されている作品です。

民話と絵本について

では、次に民話と絵本について見て行こうと思います。戦前は金素雲さんの『ネギをうえた人』とか『ろばの耳の王さま』、先ほど申しあげました『朝鮮民謡選』、『朝鮮童謡選』などがありましたけれども、民話と絵本というのも、なかなか、みなさんの目につきにくい本です。いわゆる解放後、金両基《キムヤンギ》さんの『トケビにかったバウィ』が出たときにも、私たちはびっくりしたんですよね。朝鮮の民話がこんなにいい本になって、子どもたちの目に触れるようになって、大人も朝鮮の民話のおもしろさということで、あらためて見直すようになったんです。そのころ、松谷みよ子さんが朝鮮の民話を出したりしました。それに触発されたわけではないのですけれども、在日朝鮮人も民話をやり出そうという動きが活発になってきました。ですから、許集《ホジプ》という人の『朝鮮のむかしばなし』、宋今璇《ソングムソン》さんの『お日さまとお月さま』、李錦玉さんの『さんねん峠』、こういう本がずっと続けて出たのです。それから崔仁鶴《チェイナク》さんの『大むかでたいじ』、柳尚熙《ユサンヒ》さんの『韓国の怪奇民話』、こういった本が最近出ています。いま、私が申しあげている本は、どこの書店でも比較的自由に手に入るものです。

いま、こういった本が日本の出版社から出ているんですけれども、どうしても在日朝鮮人作家の作品はそれでなくても非常に受けが悪いのと、朝鮮ものでは、そろばんはじいても採算がとれないということで、なかなか引き受けてもらえません。それで、こういう本がぼちぼち出回ってきても、いざ新たに民話や絵本を出そうとすると日本の出版社に引き受けてもらえないというので、総聯系の出版社のほうで『朝鮮名作シリーズ』と銘打って、絵本を八〇年のかかりから出しました。洪永佑《ホンヨンウ》さんの『洪吉童《ホンギルドン》』（文・画）、私の書いた『フンブとノルブ』（金正愛《キムジョンエ》・画）、梁裕《ヤンユ》子《ジャ》さんが書いた『天馬とにじのばち』（蔡峻《チェジュン》・画）、今年は李錦玉さんの『りんごのおくりもの』（朴民宜《パクミニ》・画）などが出ています。朝鮮同胞の間でも、まだ日本の読者の間でも、非常によく売れています。これはことに朝鮮語の文章がついていますので、民族教育をやっている朝鮮の学校の副読本でよく使われるだけでなく、語学の勉強をする人にも、教材としてうまくできています。

その一方では、朝鮮語での創作童話集も、同じように朝鮮青年社が出しました。たとえば、許南麒さんの書いている『蝶とおんどり』、蘇瑩鎬《ソヨンホ》さんの書いた『伝えられていない妙薬』、私の書いた『ソ・テチュイ物語』、こういったものをあわせて全十二巻になります。もちろん共和国からの翻刻版もあるんですが。これらは朝鮮語で出ている本です。しかし、これは逆に日本人の目にはとまりにくいということもあって、先ほども言いましたように、日本人も共有する児童文学として市民権を得るには、それでいいのかどうかという問題と重なってきます。

最近では、鄭琡香《チョンスキャン》さんの『ヘンニムとタルニム』というのがあります。この人は京都の長岡京市に住んでおられますが、韓国から来た人で絵かきさんです。しかし、非常にすばらしいセンスの持ち主で、ラジオ講座で「アンニョンハシムニカ」のテキストの絵を描いている人です。それから尹晃一《ユンファンイル》さんの『まんが朝鮮昔話』などが現在出ています。

日記、手記、ノンフィクション

次は日記、手記、その他ノンフィクションについてお話しいたします。初めは日記とかノンフィクションがそんなにあるのかということで、気にもとめてなかったのです。実際に集めて拾ってみると、現在出ているものでもいくつかあるんです。皆さんが一番よく知っておられる『にあんちゃん』を書いた安本末子（本名・安小任《アンソイム》）さん、もういまはいいお母さんになっておられますが、百十何版を重ねています。それから私が編集した『遠い国でないことを』。これは京都の朝鮮中高級学校の生徒の詩と作文を集めたものです。二百八十ページぐらいの厚い本ですが、いまもよく読まれています。岡真史さんの『ぼくは十二歳』、高史明さんの息子さんで八階のビルの上から飛び降り自殺をした人ですね。これは筑摩書房から現在出ています。高史明さんの『夜空に星のまたたく限り』は、『ぼくは十二歳』が出た後、息子さんが亡くなったということで全国の中学生や小学生から送られてきた手紙文や追悼文などを、一つにまとめたものです。それから朴《パク》ユミさんの『パパをかえして』、これはお父さんが長崎の大村収容所に収容され、韓国に強制送還されるうき目にあっている、そのお父さんと子どもたちとの書簡集です。それから車栄子《チャヨンジャ》さんの『赤とんぼ海をわたれ』、これは主人公のお母さんが日本人で解放前、韓国から満州に渡り、満州からまた韓国にまい戻ってきた後、お父さんとお母さんが離婚し、お母さんと一緒に日本に引き揚げてきた手記です。日本に引き揚げてくることでは、淡谷のり子さんが一生懸命力になって、ラジオやテレビを通して訴えたという逸話があります。次に蔡《チェ》洙明《スミョン》さんですが、皆さんもご存じかもしれませんけれども、サハリンで大韓航空機撃墜事件が起きましたが、その飛行機に乗ってて落ちて亡くなった十二歳の子どもの書いた日記と詩と手紙、『いのちときぼう』です。そのほか朝鮮から日本に渡ってきて、自分がどのように苦労をして作家として成功したかという、金達寿さんの『私の少年時代』、また姜春子《カンチユンジヤ》さんが書いた『律君、こっち向いて』は、自分の子どもが自閉症なんですね。それでお母さんが孤軍奮闘するという話をエッセイ風に書いた作品です。

こういう日記とかノンフィクション、手記なんかも在日朝鮮人の手で書かれたものとして、貴重なものであります。

「自作自訳」が多い朝鮮文学の翻訳

その次は翻訳文学についてです。解放前の朝鮮文学の翻訳者としては、先ほどからお話ししました金素雲さんとか張赫宙さん、こういう人たちがいました。解放前は、朝鮮人もみな日本人だといわれて、一生懸命、日本語を勉強したものですから、そのころの作家は日本語でものを書くことができました。ですから、かりに朝鮮語で書いた人でも、それを日本語に訳したりしたのです。「自作自訳」という珍しい言葉が生まれたゆえんです。私もよくやります。日本語で書いた作品を朝鮮語に訳したり、またその逆の作業をしたりします。朝鮮語で思考したものを日本語に置き換えたり、また朝鮮語に置き換えるというのは大変な作業なんです。これは、なぜ日本語にこだわるかという金石範さんの話もあるんですけれども、自分では日本語ができるものだと思って一生懸命やっているけれども、非常に歯切れが悪いのです。歯切れの悪い日本語をなおかつ駆使してまで、なぜ必死に追いかけなきゃならんのかという問題もあるんですけれども。解放前はそうでした。そのころは朝鮮語を勉強する人はだいたい、いないですよ。また、日本の大学でも、外国語大学になぜ朝鮮語科がなかったかという問題もあります。これは、現在、日本で朝鮮文学の翻訳者がなかなか育たない、少ないという問題ともからんできます。

解放前、日本で朝鮮語の勉強をしていた言語学者はたくさんいます。昔の京城帝大、いまのソウル大学で朝鮮語で教えていた先生方は、日本政府から総督府に派遣されてやってきた人であり、そうでなければ、それこそ特高とか警察関係の人で、在日朝鮮人の治安維持のためにわざわざ朝鮮語を勉強したのです。ですから、外国語専門学校でも朝鮮語科を置いてる学校はありませんでした。天理大学が非常に古いのは、一方では天理教を布教させるための一つの手段として朝鮮語を勉強させたことによります。解放後は純粋に文学を紹介したり、文化を紹介するためというのもありますけど、主に法務省とか領事館、大使館へ送り込む人たち、外務省のアジア局第三課に配属して在日朝鮮人の治安のために朝鮮語が必要であるという発想のもとに、その学科を置いたこともあり、ときには自衛隊の中にある外国語学校で朝鮮語を勉強するという、これも治安のため、こういう人たちが圧倒的に多かったですから、純粋に朝鮮の文学とか文化を紹介するために朝鮮語を勉強する人は少なかったわけですね。たとえば、東京教育大学に河野六郎さんという言語学者、中世の朝鮮文学に知識を持っておられる先生がおられましたけれども、そういう人たちも最初はみんな朝鮮語の言語学から入ったわけです。小倉進平さんも言語学から入りました。いまは亡くなられましたけれども、天理大学の高橋亨さんも言語学から入った朝鮮の「思想史」の大家です。

なぜ日本人翻訳者が育たないか

解放後は、金達寿、許南麒、安宇植《アンウシク》、尹学準《ユンハクチュン》、李丞玉《リスンオク》、朴春日《パクチュニル》、卞宰洙《ピョンジェス》、姜舜《カンスン》、李錦玉、こういう人たちが大人の文学を翻訳して紹介する。朝鮮人が自分の国の文学を日本語に翻訳して日本に紹介するといった、つらい仕事をやっていたわけです。なかなか日本人の中で翻訳者が育たないのです。たとえば、英米文学とか、フランス文学、ドイツ文学、ロシア・ソビエト文学、イタリア文学のようには翻訳者が育たない。解放後、天理大学の朝鮮語科のほかに大阪外国語大学や、東京外国語大学に朝鮮語科ができたり、神戸外国語大学とか、いろんな大学に第三外国語で朝鮮語の講座が設けられました。現在では富山大学とか上智大学、いろんなところで小さな講座が設けられるようになってきました。そういう中から、ここにおられる仲村修先生もそうですけれども、朝鮮文学を翻訳して紹介する人たちが生まれてきています。ところが、それでもほとんどの人が大人の文学なんです。大阪外国語大学の塚本勲さんが『ユンボギの日記』を出したときに、日本で朝鮮の子どもの本を紹介して出すのは自分が初めてだというようなことを言われていましたが、それから二十年近くなるんですけれども、その二十年間に子どもの本を訳す人が生まれていません。仲村先生が、その中で唯一の翻訳者です。それだけ弱いんですね、子どもの文学は。

個別には、私どももいろんな作品を訳してきました。ここにも書いてありますけれども、私のほかに南宮輝《ナングンフィ》、李丞玉さんなどが作品を訳しています。崔曙海《チェソヘ》とか李園友《リウォヌ》、姜孝淳《カンヒョスン》、呉善鶴《オソナク》、柳《リュ》碧《ビョク》、こういう人たちは北の共和国の作家です。それから崔仁鶴、李元寿《イウォンス》、朴婉緒《パクウォンソ》、こういう人たちは韓国の児童文学作家ですね。こういうふうに、個別にはいろんな雑誌に翻訳したりして紹介してきていますけれども、残念なことに、それが一冊の本として皆さんの目に触れるような、単行本としては出ていません。仲村先生は一生懸命、いま『季刊メアリ』を通していろんな朝鮮児童文学の翻訳を紹介してこられて、今度それが合本で一冊になるというところまで来ております。非常にいい仕事をなさっておられる、ほんとに貴重な存在だと思います。

朝鮮文学では飯が食えない

日本人の朝鮮文学翻訳者がなぜ育たないか。これは先ほどから言っていますように、朝鮮文学では飯が食えないということでしょうか。たとえばフランス文学だったら、ちょっと売れる本、ミステリーでも一、二冊翻訳したら一年間、飯が食えるんだそうですね。ところが、朝鮮もので は飯が食えないというのは、そのとおりです。朝鮮の評論のようなものではだめなんですよ。必ず、アジアの評論をやる中で朝鮮の評論もやるという形でないと飯のたねにはならないといいます。世界児童文学全集、世界少年少女文学全集をざっと見て下さい。そしたらアメリカ、イギリス、フランス、ドイツ、イタリア、それから北方編、フィンランドとかノルウェー、最後に東洋編があって、その中で中国と朝鮮とか、ベトナム、インドネシアというように分かれています。だいたいそういうパターンになっています。朝鮮のものだけでの児童文学全集、こんなのはとても考えも及びませんし、いまはあり得ません。考えられないわけですね。というのは、それだけでは売れないし、読者が食いついていかないということと、そういうものを犠牲にしてまでも、なおかつ良心的に出していこうという出版社がいまのところありません。これはだめだという具合に最初から見ていますからね。食わず嫌いもありますよ。『ユンボギの日記』を出す場合でも食わず嫌いだったんですけれども、思いきって出すといって出したのが、たまたまあたったのです。そういうものが、中には掘し出し物で、あるかもしれません。

第三世代の書き手たち

新しい書き手、第三世代の抬頭についてお話しします。これは先ほど言いました「とんふぁの会」に所属している尹正淑さん、梁文姫さん、孫仁一《ソンイニル》さん、睦春子《モクチュンジャ》さん、こういう人たちがいます。それから「サリコ児童文学会」——この会は京都にあります——の金節子《キムチョルジャ》さん、この人がいま日本で新人の中では一番大型新人といわれています。京都児童文学会の新人賞をとった人で、非常にいい作品を書いています。この人の作品集が年があけてから出る用意をしています。今年、京都児童文学会は二十周年を迎えますが、その記念にアンソロジーで作品集を出しました。そこへこの人は作品を一つ出しています。最も可能性のある人です。もう一人、大阪に李慶子《リキョンジャ》さんがいます。『船にのってきたポギ』、『とんち小僧テウギ』など、叙情的ないい作品を書いています。殊に「とんふぁの会」にいます尹正淑さんは二十年近くいろんな創作をやってきているんですが、自分のものとしてまとまった本を出していません。今後の課題でしょう。

それから朝鮮語による創作。これは李仁鉄《リインチョル》さんとか金光淑《キムクワンスク》さん、金錦汝《キムクミョ》さん、康玲姫《カンヨンヒ》さん、それから崔永進《チェヨンジン》さんなどがいます。崔永進さんは日本では非常に数少ない少年詩とか児童詩を専門に朝鮮語で創作をしているんですが、朝鮮語で『チョンイペエ（紙船）』とか、『はい!《イエー》』という作品集など、ちゃんとした本になって出ています。非常に貴重な存在です。また、同じ童詩、少年詩では、大阪に李芳世《リバンセ》さんという人がいます。この人は最近あちこちの雑誌に載せるようになってきました。『サリコ』という雑誌にも翻訳して出してもらっています。

現在、朝鮮総聯系で出しています機関誌は『新しい世代』とか『つぼみ』『親友』、つぼみというのはコッポンオリ、親友はチナンドンム、『ひまわり《ヘバラギ》』、『朝鮮中学生《チョソンチュンハクセン》』というような、いわゆる朝鮮語の雑誌があります。また、『まだん』とか『相逢《サンボン》』、『アジュカリ』、『サリコ』などのミニコミ誌とか同人誌も一方ではあります。しかし、こういう本や雑誌、機関誌が全部総聯系から出ているということです。その点が、今後、私たちが児童文学をどういう方向で進めていくかという問題とつながると思います。

日本の文壇で活動する二、三世作家

以上、だいたい創作、民話と絵本、ノンフィクション、翻訳文学という具合に見てきました。見てきた中で言えることは、現在二世、三世の作家の文学の流れは、つかこうへい、西本陽子、香山純、こういう人たちが自分を殺す、つまり朝鮮人であることを殺して、全然違う形で吐き出す作業を続けています。つかこうへいが出たときに、この人が朝鮮人であることを、おそらくほとんどの人が知らなかったんじゃないかと思います。それから西本陽子、『ひとすじの髪』で去年新人賞をもらったんですか、私たちも半年ぐらいは、彼女が朝鮮人であることがわかりませんでした。いい作品書く人だなとは思っていたんですが。それから『文芸』という雑誌で本格的な評論活動を積極的に続けている竹田青嗣さん、この人は姜修次《カンスチャ》というのが本名です。こういう人たちの活動を通して、うわべだけを見ている限りでは、朝鮮人であるということはわかりません。

　こういう人たちは、自分たちが在日朝鮮人であることを隠すとか隠さないとかの問題とは別に、自分は日本の文壇でこういう形でしか活動ができないという、彼らなりの理念を持っています。自分の持っている情熱みたいなもの、つねづね鬱積したものを文学を通してしか吐き出す作業ができないのではないかと思えます。ところが共通して言えることは、この人たちは、ある意味では負い目を持っています。それは二世、三世であっても、自分は朝鮮語ができない、自分は日本語でしか自分を表現できないというハンディキャップです。母国語が話せないことで、「民族性」うんぬんを盾にした追及を、彼らは「踏み絵にするのか」と反論します。それは絶対、自分の非ではないといいます。だから、それを何かの形でねじってねじって、全然違う形態のものを創造して吐き出す作業を続けなければならなくなるのです。評論家の成美子《ソンミジャ》さんという人が言ってるんですけど、この人たちほど、日本に住んでる在日朝鮮人であるということに執拗にこだわっている人はいない、私たち以上にこだわっているはずだ、と言っています。こだわっていることが作品に出てくるかというと表立っては出てきません。そういうものを違うものとして、別個の形で文学活動をしているといえます。だから、出てくる文学は「負の世界」を常に追っているといえます。李良枝《イヤンジ》さんとか李起昇《イギスン》さんの文学では、非常にジメジメとしていて、自分の意識の流れみたいなものをいろんな形で追いかけているのです。そういう意味では読者も疲れるのではないでしょうか。

前向きに闘う在日朝鮮児童文学

ところが、子どもの文学はどちらかというと明るい文学です。いかに生きていくかに対して、非常に前向きに積極的に闘っていく文学ですから。せめて在日朝鮮人の子どもの文学を語るとき、それが一つの救いになっているんじゃないかと思います。在日朝鮮人文学、殊に大人の文学は非常に疲れると言いましたが、日本の社会で生き抜くだけでもなおかつ疲れるものを、霧の中をかきわけかきわけ、生きているんだということではなくて、子どもの文学では、少なくともそういうものを思いきってけって進んでいく、明るい文学であるということです。

現在も、いろんなところで在日朝鮮人作家が活動しています。なかなか一つにして、こういうものだというようにはならなくて、非常に多様化されてきていますけれども。だから児童文学が市民権が得られないのか。それとも自分たちの書いた作品がかりに単行本として社会に出ても、それだけでは日本人社会が認めない、在日朝鮮人の同胞社会も認めない、だから市民権が得られないのか。解放後四十二年間模索してきたんですが、最近ようやく形みたいなものが出てきたように感じます。同じ日本語で書かれた児童文学であっても、日本人の書いた児童文学とはどこか違う。その異質なものが何なのか。それは「朝鮮人であるということ」を前に出していくという、重いテーマを引っさげていることが、日本人とは違う意味での市民権を要求し、かつ、それを確立しつつあるのではないかというところに来ていると思います。

時間もきました。またご質問なりをいただき、お話ししていきたいと思います。在日朝鮮人児童文学のアウトラインだけをさらっと流した格好で、もう一つはっきりしたものをお話できなかったと思いますけれども、これで終わらせていただきます。

＜質問と答え＞

司会　ありがとうございました。先生の作品を読まれた方も多いと思いますし、ざっくばらんにいろんな角度から、ここに紹介いただいた方についてのご質問でも、何でもけっこうだと思います。

それでは、私から口火を切ろうと思いますが、『ソウルの春にさよならを』という長編ですが、作品の中にありますデモに行きまして倒れます主人公、あの遺書は史実だと聞いたんですが、どうなんでしょうか。先生があの作品をお書きになる一つのきっかけになられたのかどうか、そのことが前から気になっておったんですが……。

韓　李承晩政権を倒した四・一九学生革命では、いろいろたくさんの人が殺されたりしました。最近、いろんな事件が起きますと、比較的早く本になり、資料もたくさん出ます。舞台裏の話とか、そのときの状況なんかも事細かく描写した本はたくさん出てきます。また最近では光州大虐殺事件そのものを取り扱った小説集も韓国で出たりしています。そういうものは豊富なんですが、残念なことに一九六〇年の李承晩政権が倒れたときの資料はほとんどないんですよ。私もいくつか持っています。一九六〇年をどう生きるかという、韓国から出ている本とか、日本で出ています『人民蜂起　血の四月』とか、また『新しい世代』という月刊雑誌に、いわゆる人民蜂起の詳細について報道しているものなどがありますが、それでも、いまに比べたら非常に情報不足です。そのころの日本の新聞報道も具体性に欠けています。ほんの側面的な報道しかしていませんでしたから。そういうものをみな拾い集めて一つの創作をするんですけれども、ご存じのとおり主人公は実在の人物ですし、史実ですから、史実そのものは曲げることはできません。後はフィクションとノンフィクションを一緒にまぜたようなことになります。遺書はいろんなところで出ていますので。

社会状況の変化と在日朝鮮児童文学

質問 最後のほう、結びのところで言われた在日朝鮮人児童文学の市民権が得られかけているのではないかというあたりで、書き手の変貌、あるいは作品が変わってきたと言われました。それと日本と朝鮮との関係、政治的な状況の変化との関係はあるんでしょうか。

韓 それは二つあると思います。一つは、日本の文学が貧困なときほど、日本の出版社はどこに目をつけるかというと、在日朝鮮人の作品です。これはいままでもそうです。というのは、その穴埋めをするために一時期、いい作品が出るまでの間、どこかで出版社はしのがねばなりませんから。そうすると、ちょっと毛色の変わったものを出すことで注目をそちらに集める。その年に出た在日朝鮮人の作品につい目がいく。大体、いままでの流れを見てますと、そんなことに気づきます。在日朝鮮人の作品が何かの賞をとったり、いいなということが出てきたころは、日本文学そのものが非常に低迷しているとき、あまりいいものが出てこないときの「間にあわせ」で出ています。だから、実際には、いまここで申しあげた人たちの作品がいいから出したんじゃなくて、他にいくらでもいい作品があると思うんです。

そういう面が一つあるのと、もう一つは世代の交代によって、在日朝鮮人が従来のように本名を使って活動していくことが即どうなのかという問題は、あまり変わっていません。従来どおり、朝鮮を扱ったものは売れないし、それでは採算が取れないという点は、旧態依然として同じなんです。むしろ、もっとやりにくくなっているんじゃないですか。弾圧も大きいし、しっかりした本は出しにくくなっています。自由には出してくれません。また、私どもが本を出すときに、出版社側は必ずチェックをします。この言葉を省いて下さい、こういう表現は都合が悪いです、これは困ります、もし、あなたがそれを嫌だとおっしゃるんだったら、この出版はないことにしましょう、といった具合です。一方では88《パルパル》オリンピックを目ざした韓国ブームにのせられたようなものが、いまの日本の社会にあります。それに触発されて、いかにもいいムードで朝鮮ものが出ていくかのように見えますが、そうではないんです。そういうムードの中で金もうけだけを考えると、目先だけのものは出ますけれども、ほんとのものは出てきません。もしそうだったら、子どもの文学でも当然いろんなところで、出版社の姿勢が変わってこなければいけないでしょう。やはり、いろんな意味で難くせをつけます。たとえば、「これは何々のシリーズの中に入れないとだめですね」「私はいいと思いますけれども、編集委員会でどうも答えが出ませんので」、そういうような答えが必ず返ってきます。「じゃ、あなたは編集委員の一人として、この本を推薦するだけの力がないんですか」ときくと、「いや、私は一生懸命やったんですけれども、やっぱりだめでした」、万事がそうです。結果的には、だめだということですよね。何にも口実はいらないわけです。一生懸命やったんですが、だめでしたというやり方、それはいまから四十何年前も同じです。ところが、良心的な出版社でしたら、だめなことはわかっているけれども、ともかく一か八かやってみよう、ばくちであるといって本を出します。出したところが赤字になった。ほら、見てみなさい、やはりだめでしたね、こういうふうになるわけです。それはわかっていますが、現在はそれを乗り越えて冒険しようという出版社はなかなか出てきません。

韓国ブームでも実情は変わらない

いま、韓国ものがよく出ています。ちょっと行ってきた人が、「いままで知らなかった韓国」とか、「これがほんとうの韓国の本質だ」とかいって本を出します。韓国ブームの便乗組です。そんなもの一週間ほど旅行してきて、これが本質だというのなら、いままで何十回行ったり来たりしている人はどうなります。それでも、それをおもしろおかしくイラストつけて、写真入りでやれば、それで本になるわけです。突っこんだものにすれば、もう売れません。突っこんだら都合が悪いから。表面だけをきれいに見せるんですね。突っこんだら必ずボロが出てきます、ウミが出てきます。そのウミをすくい出し、えぐり出すようなことを書くと都合が悪いから、出版社もそんな冒険はなかなかしません。いま、書店に出ている韓国ものの本はみんな似たり寄ったりの本が多いですね。私もたくさん買って読んでみましたが、みな、似たり寄ったりです。一週間韓国に行ってきて、韓国がみなわかりましたというのなら、みなさん苦労しません。私など五十年以上日本に住んでいて、日本の本質がまだわからないのにね。

そういう意味で、子どもの文学の市民権が得られたというふうには、私はまだ言えないんですけど、従来とは違ってこういうものがあるんですよということと、これが一つの基盤になって、やる人が地道にこれを一つの下地にしてやっていけば、一つのものができるのではないかという確信を持ち始めたのです。そういう道づくりを、いま私どもがやっているわけです。「サリコ児童文学会」は、そういう意味での在日朝鮮人の子どもの文学の一つの道づくりを、われわれでやろうということで始めたものです。少しずつ前が見えてきたのではないかと思っていますが、それが即市民権であるとはまだ見ていません。残念なことに在日朝鮮人は七十万しかおりませんからね。

地味な活動を拾いあげる作業を

この前、仲村先生の友人が中国に行かれたときに、いいおみやげをもらったんですが、ご存じのとおり鴨緑江を越えた中国の旧満州の延辺には朝鮮族がおります。朝鮮族の児童文学があるんですよ。それを紹介した本のコピーをいただいて、それをこんど『日本児童文学』に翻訳したのを送ってあるんですけれども、あそこには百八十万の朝鮮族がいるわけです。中国共産党の旗のもとに、中国の国家建設に向かってがんばって進みましょう、というような児童文学です。自分が朝鮮人でありながら、そういう格好で児童文学をやっているんですけれども、文化大革命のときには少数民族はずいぶん苦労したと聞いています。子どもの本から、子どもの放送劇までみな抹殺されて、一切朝鮮語を使うことは許されなかったと聞いています。あそこはご存じのとおりバイリンガル、二ヵ国語併用、三ヵ国語併用です。ロシア語、中国語、朝鮮語併用の民族ですが、それもいけないといいます。全部中国語を使え、学校でも漢文を主体にして授業の三分の二は中国語の勉強を強いるわけです、朝鮮語で童話を書いている作家はみな追放してしまったりしたのです。文化大革命は大きな傷を残しました。十年間、その傷が続いていましたからね、そういうことを朝鮮族の児童文学者は言っています。その十年間の損失は大きいですね。その後遺症がいまも残っているといいますから。そのころ、一生懸命活躍していた人が筆を折ってしまって、二度と筆を持たなくなったという作家もたくさんいるそうです。

私たちの仲間でも、いままで一生懸命書いていて、途中で児童文学を捨てた人はたくさんいます。私も二十何年やっていますけれども、友達の中には「ようやっているな」というのもいます。最初は「しょうもない子どもの文学なんか捨てて、ええ加減にもうやめたらどうだ」というのもいました。中には半分嘲笑いながら言う人もいます。いまは、そういう人も少なくなりました。「がんばってやれよ」という人もいますけれども、それだけ協力してくれるかというと、あまり協力もしてくれない。協力もしてもらえない地味な文学を、なおかつ、こつこつとやる人がいてはじめて、市民権が確立されていくんですけどもね。先ほど名前をあげた人たちが一九七〇年の後半から出てきたということは、それだけ市民権を得つつあるということにつながるのではないでしょうか。

ただし、これも下手な道づくりをすれば、みなポシャってしまうんじゃないかと思いますよ。といいますのは、それを受ける受け皿が日本の社会にまだありません。殊に在日朝鮮人の同胞社会の中では、まだいまのところ、その受け皿は非常に弱いんです。というのは、日本人も朝鮮人も、それが単行本となって自分の目の前に来て初めて、こういう本が出ているんだな、そういう人がいるんだなということは認めるけれども、もし、この作家が単行本を一生持たずにそのまま同人誌の活動だけをやったとしたら、誰がどこで何をしているか、わからないままで終わってしまいます。ですから、そういう人たちの作品を拾って、新たに光をあてるのです。同人誌から消えていった人たちの作品をいま集めているんですが、これは非常に大切な仕事なんですね。でなかったら、書いた人は浮かばれないでしょう。それでも、たまたま単行本になった人はいいですよ、ほんとに運のよかった人といえます。自分史だけではなく、自分の作品を本にすることは、もの書きの一生の夢ですから、小さな本でも出せた人はいいでしょうが、二十年、三十年やっていても、単行本一つ持てず、多くの人の目に触れずに終わることは惜しいことですから。

日本人作家が書く「朝鮮」

質問　ちょっと角度が変わるんですけど、いまのお話の書き手たちと、こんどは日本の書き手たちが七〇年に入りましてから朝鮮を扱ったものを書き出すようになりますね。前からあったんですが、目立ち出しますね。そのことについて、先生は京都新聞と朝日新聞でエッセイを書いていらっしゃって、それを拝見したんですが、おおむね肯定的だというようなことですね。なぜ、七〇年代に入ってから日本の作家達も目を向けるようになったか。いくつかの要因があるんじゃないかと思うんですけど、はっきりしたことは私もつかめません。先生はどんなふうにお考えでしょう。

韓　日本の児童文学の中で、朝鮮を扱った作品はたくさんあります。それをまとめたのを、こんど整理して出す用意をしているんですけれども、短編、長編、民話、絵本、翻訳など全部入れますと、百二、三十冊ぐらいあるんじゃないですか。神戸学生青年センターのロビー書店には、そのうちの三分の一ほど置いていますが。これも七〇年代の後半ぐらいから、朝鮮を扱った作品が出るようになってきました。

これには二つ理由があります。一つは、いままで朝鮮を舞台にした作品を書く人は、だいたいが朝鮮から引き揚げてきた人たちですね。たとえば斉藤尚子さんの『消えた国旗』、赤木由子さんの『二つの国の物語』、那須田稔さんの『ぼくらの出航』などですね。初めはそういう人たちが自分の体験に根ざしたものとして書きましたから、部分的には弱い点もありましたが、それでも非常にリアルで、読みごたえのある作品になっていました。ところが、そうなると体験のない人は書けない。なぜ書けないかということは、解放前、朝鮮を自分がどう見ていたかという問題で、自分のものの見方、むずかしく言えばその作家の思想性みたいなものが問われますから、下手に書けないわけでしょう。それと、解放後は在日朝鮮人運動だけじゃなくて、朝鮮の状況がどんどん急変していきます。日本に住んでる在日朝鮮人運動もどんどん変化していきますから、日本人はそれについていけない面があります。日本人には日本人の運動があって、いつもあわただしい思いをしているのに、在日朝鮮人の動きまではなかなか見えてこないということが、一方では口実になっていることもあります。

それでも七〇年以降に少しずつでも出始めたというのは、いろんな意味で書き手の側にも余裕が出てきたのと、朝鮮の問題をどういう方向で見なければならないかという対朝鮮観が変わってきたことにもよります。いままで認識不足だった側面を克服して、新たに朝鮮問題をやはり自分の問題として見なければならないと認識し始めたことと、在日朝鮮人問題がさまざまな面で日本社会でクローズアップされてきたのも、一つの要因です。もちろん、それまで私たちは朝鮮問題はこのように見なければいけないと言い続けてきています。たとえば、三十三年たったら日本では戦後処理がされて、第二次大戦の事後処理は全部終了したというような見方、三十三年でなぜ終了するのか私にはわからないのですが、盛んにそれを言ってきました。私は日本児童文学の雑誌とか、いろんなところで私たちの「戦後」は終わっていない、過去はまだ償われていないんだと、いつも言ってるんです。三十三年というのが、どこから出た数字なのか。その出てき方が、いま問題になっています。非常にあいまいもことした言い方で、戦争責任はどこにあるのかをぼかしています。

あいまいな戦後処理のツケ

日本はドイツなんかと違って戦後処理を非常にあいまいなものにしたものですから、そのツケがいまの若い人に回ってきています。ですから、一方では「戦争で死ねなかったお父さんのために」じゃないですけど、もと軍隊でいい地位にいた人や、在郷軍人会で名を振るっていたというような人が、いま堂々として、いろいろなところで偉そうな発言をしています。ほんとだったらこういう人たちは、自分の過去なんか話せないはずですよ。それが、私は中国で人を何人殺したというようなことを平気で言いますから。町内会などで集まってお酒飲んだりしたら、「私は南方の〇〇でネ、〇〇したんですよ」と、平気でリアルに再現してみせるんです。御都合主義であれ、「戦後処理」が行われたということで、非常に朝鮮問題、中国問題がおおっぴらになってきたというのも一つあるんです。おおっぴらになってきたのは、一方では本当はこわいですよ。

私は毎年、戦争展を見ているんですけど、戦争展で最近気がつくことは、日本が太平洋戦争でひどい目にあった、という指向です。原爆にしろ沖縄にしろ、戦争というのはほんとにみじめなものであるということが九割。戦争によって日本人はえらい目にあいました、本当に苦しい思いをしましたということばかりです。じゃ、えらい目にあっただけか、よその国を侵略してえらい目にあわせたということはなかったのか。えらい目にあわせたという点は、ほんの少しだけ、申しわけ程度にパネルを展示しています。それが年々歳々大きくなってきています。つらいことでした、みじめな目にあいました、疎開をして大そうな目にあいました、爆弾が落ちてえらい目にあいました、生活が苦しくて大変な目にあいました、といったことばっかりで、戦争とはこういうものだと強調しているのです。それがとても不満なんですよね。みじめなのは何もあなた方だけじゃない、私たち朝鮮人にすれば、私たちはどうなるんだ、私たちはみじめなうえにやられっぱなしで、持っていくところがないじゃないか、と開き直りたい気持ちになります。

ところが、いま一方では戦争を美化した本がたくさん出てきています。加藤隼戦闘隊も出てきますし、ラバウル航空隊も出てきます。ベンガル湾も出てきます。いかにして勇壮な戦争をしたかが、グラビアつきで出てきます。そういう本がまたよく売れているんですね。こういったものを片方で出しながら、しっかりした本質的なものを追求すると、そういった堅い本は売れませんという出版社がふえてくるんじゃないですか。

精神的に貧困な日本の出版状況

現在は精神的には貧困であっても、物質的には豊かな中流意識の平和ムードの中で生活が続いています。台所にゴキブリが一匹出てきて、このゴキブリを家族中が追いかけるという話があるんです。おおかた百五、六十ページの短編集で作品が二つ入っています。そのうち一つは、半分がゴキブリを追いかける話ばかりです。必死になってお母さんが追いかけた後、子どもたち、お父さんがまた二階から降りてきて追いかける。それが緊迫した話ですか。そういった話をオーバーに大騒ぎすることで、緊迫した材料にかえている。こんなのが本になっているのです。決してそれは本質でも何でもないですよね。ですから、児童文学が花盛りというのは、ちょっと書いたものでも本になりやすいという日本の出版状況もありますけれども、もう一つは、そういうものがどんどん出ることで、いかにも安っぽい花がいっぱい咲いたように見えます。しかし、この花はすぐにしぼんでしまいます。こういう中で、朝鮮人問題なんかを取り扱った作品は花盛りの中に加えてもらえません。

現在、日本が抱えている社会問題のうち、部落問題、アイヌの問題、在日朝鮮人の問題、身障者の問題、原爆被爆者の問題、沖縄の問題、ハーフの問題、国際結婚の問題、いろいろなこうした重いテーマを扱った作品は取り上げようとしない。たとえば、私どもがやっている同人誌運動ではできるだけ雑誌を安くつくるというのが念願なんですけれども、雑誌づくりをする中で、刊務所でつくるのが一番安くできるんですよ。半額であがるんですよ。ところが、刑務所でつくる雑誌は期限を切ることができない。いまから原稿を放り込んで、今年の冬には出したいから十二月の末にはほしい、一月の総会には間にあうようにお願いしたい、こういうように日を切ることができません。日はこちらにまかして下さいという本づくりです。それだったら半額でやってくれるんです。その刑務所ですら、在日朝鮮人の問題、部落問題、アイヌの問題が入ってる作品があれば印刷はしません。また、在日朝鮮人作家の名前があったり、そういうものを扱ったとしたら、雑誌はできません。完全に受けてくれません。刑務所は刑務所としての仕事のルールがあるわけですし、商売ですからね。

そう思うと、同人誌運動をやっている人は非常に大変だと思いますね。ましてや出版問題はほんとにきびしい世の中です。花盛りであっても、それはゴキブリを追いかけるような話だったら、いくらでも花盛りの中に加えてもらえますけれども。

引き揚げ作家たちの朝鮮観

質問　引き揚げ作家とおっしゃいましたが、しかたしんさん、赤木由子さんとかは少年期、青年期ですね、引き揚げる時点では。体験はありますが、そのときは作家になるとも何とも方向はない時点の人が多いような気がするんです。そこらへんで、作家修行がいるわけですね、職業作家としての。見るべき作品といいますか、骨太で、朝鮮をかなりつかんで朝鮮史を理解しながら五十年ぐらいは生き残るだろうという作品を四、五人の方がお書きになっています。そういった方々はいつも、できれば朝鮮を書きたい、たとえば、カラフトから引き揚げた神沢利子さんのように自分の体験を書きたいとずっと思っていらっしゃったように思うんです。作家的な力量の成長という面はいかがなんでしょう。本も単行本で出だして、作家として一応の評価も得て、ようやく自分の思うことが書ける、その後の作業という気がするんですが。

韓　引き揚げ作家の中では、青春時代とか子どもの時代を向こうで過ごした人がたくさんいます。自分がものを書く段になって、そのころの記憶が非常に鮮やかに残っていて、その体験が下地になり、それを積極的に前面に出していこうという作家がいますし、また反対に、絶対朝鮮のことを書かないという作家もいます。朝鮮を自分の目で見て、これはおかしいなと見た人は、いま書いています。そのときにおかしいなと見られなかった作家は書けません。下手に書いたらたたかれますしね。ですから、主人公が引き揚げるときに非常に苦労した、食糧も取られた、朝鮮人にも追いかけられたと、引き揚げの苦労話を書きますね。そのときに、なぜ主人公が食糧を取られたり、追いかけられたりしたのか、自分が引き揚げてくるのになぜ苦労をしなければならないか、それがわからない。わからないのは、作者がわからないのです。主人公がわからないんじゃなくて作者がわからない。作者が「わからない本質」は何かということなんです。『消えた国旗』を書いた斉藤さんがそれを手紙でも言っているんですけれども、自分は一生懸命にそのころの朝鮮人の側に立ってものも見たはずなんだけれども、それでも朝鮮人の側に立って見てる自分はよい子であって、その自分がそのころの支配者側の一人であるという見方でものが見えないから、ほんとの作品ができなかったといいます。これは一生、自分が十字架を背負っていくうえで吐き出しても吐き出しきれない、自分の心に残っているもので、ずっしりと重い体験であると言っていました。

自分を厳しく問い詰める厳しい作家もたくさんいます。現在、日本児童文学者協会に所属している作家は大体六百七十人ほどいるんですけどね、その中で引き揚げてきた作家は二十名近くおられるんですよ。二十人の方が朝鮮をテーマにして一冊ずつ書かれたって二十冊になるでしょう。書かないと思いますね。書いておられるのは、ほんの何人かしかおられません。

在日朝鮮人社会は日本人には書けない

それともう一つは、解放後の在日朝鮮人社会の朝鮮の子どもを描くことができません。たとえば、現在、朝鮮の学校に通っている朝鮮の子をほんの少しテーマにして作品を書いている中に山下夕美子さんの『アボジが泣いた』という作品が一つありますが、それだけなんですよ。書けない。隣に朝鮮人がいて一緒に生活をしているとか、同じ町内に朝鮮人がいるのに、あれ、あの人朝鮮人だったのだというのが、二十年近く一緒に住んでてわからない。やっと何かのはずみでわかったとか、日本の幼稚園に通っていた子どもが朝鮮の子どもとはわからなかった、ところが幼稚園を卒業して小学校へ行くようになったら朝鮮の服を着てスクールバスに乗るのを見て、お菓子屋のおばさんが、「あれ、あの子朝鮮の子やったんやわ」というしまつです。毎日、自分の家にお菓子を買いに来る子が朝鮮の子か日本の子かわからない。そういう中で生活している朝鮮人社会は日本人には描きにくいのです。新しく児童文学をやろうとする人は朝鮮人を描こうとしません。それともう一つ、はっきりと朝鮮人の生活がわからないということもありますしね。

新しい朝鮮の子どもが書ける人が少ないです。朝鮮から引き揚げてきた人は、昔の朝鮮、植民地時代に食べるものがなく、着る物もなく、自分たちが白いご飯を食べていたときに粟を食べていた朝鮮人というイメージしかありません。それでも自分とは仲のよかった朝鮮の子と一緒に山に登り、川で魚とりをし、草原を駆け回った思い出を書いているわけです。

民族性の風化と在日朝鮮児童文学

質問　いまお話しされた本をほとんど読んでいないから、そのことについて伺いたいんです。在日朝鮮人の文学、ぼく自身が在日朝鮮人なんですけれども、一言でいったら、一番問題なのは同化の問題だと思うんです。子どもが小さいころから、情緒的な部分では、三世、四世になるに従って、だんだん民族性が薄れていく。そういう中で在日朝鮮人が自分たちの生き方を考えるうえで、いまの存在、正しい歴史を知るために、知らなければならない面がものすごく多いと思うんですけれども、とりわけ児童文学の中で韓国と日本の過去の歴史、そういうものを扱った作品は、民話作家は非常にたくさんいると思うんですけれども。そういう作品を子どもたちが読んだときに、過去にこういう形があった、日本は韓国、朝鮮をこういうひどい目にあわせてきたという関係として取ることができても、いま、どうなのか。一人の日本人がおって、一人の朝鮮人がおって、とりわけ子どもたちが自分自身を否定していっている。差別する側と、される側という構図が現実にはできている。そういう問題がもっと書けている、そういう作品をぼく自身なんかは機会があったら読んでみたいなと思っているんですけれども、在日朝鮮人児童文学の中で、そういうものを書いている人、あるいは同人の中でもあれば、お尋ねしたいんですけれども。

韓　李仁鉄、金光淑、金錦汝、こういう人たちは北を支持する朝鮮総聯系の人で、圧倒的に朝鮮語による創作で、こういう子どもの本をがんばって書いていると言えます。こういう人たちは朝鮮の学校で民族教育を受けて育ってきている人です。幼稚園から朝鮮の教育を受けて、朝鮮大学まで行って文学部を出たとか、朝鮮高校を出て同胞社会でいろんな活躍をしながら朝鮮語で創作童話を書いている、そういった人たちです。現在、民族性が風化していくとか薄れていっているとよく言われますが、それにちょっとでも歯どめをきかせたい、これが民族教育になっているんですね。最小限度の防波堤が民族教育であるといえます。民族教育はもちろんしっかりした自主学校でやっている民族学校のものもありますし、またいろんなところで朝鮮語講座をやったり成人学校をやったり、お母さん方の文化教室をやる。そういったものを通して、それらの中で少なくとも民族と名のつくものといろんなかかわりを持ってきている人たちが、そういうものを作品に反映させていこうとしているのです。

その点が、先ほど言いました中国におります朝鮮族がやってる児童文学とは少し違います。あの人たちは、いや、がんばって朝鮮語を使いましょう、というようなことはあまり言いません。中国語使っても、ロシア語でもけっこうです、二ヵ国語併用でも三ヵ国語でもよろしいですよ。一軒の家で、おじいさんはロシア語と朝鮮語を使う、お父さんは中国語と朝鮮語を使う、下の子どもは中国語しか話してない、朝鮮語がわからない、そうしたことが普通のことになっています。日本では、できるだけ最小限度朝鮮語を知って、それを通して民族的なものを自分のものにしょうという動き、朝鮮の学校の場合は少なくともそういう教育をしています。ここで朝鮮語で創作をしている人たちは、そういう教育を受けてきた人が多いのです。「とんふぁの会」の人たちの中には、朝鮮の教育を受けた人が多いのではないでしょうか。

「在日を生きる」をテーマとして

ですから、一番最小限の防波堤として、民族の風化を防ぐ役目をしているといえましょう。そういう意味では、これは大なり小なり、みな一致していると思いますね。作品の持っていく方向性みたいなものも、みな似てるんじゃないでしょうか。それは日本の児童文学作家とは違って、「在日を生きる」とか、「自分は朝鮮人である」ということは、在日朝鮮人にとってあたり前のことですが、そのあたり前のこと自体が非常に重いテーマですから、重いテーマを引っさげて前に進んでいくという点が、日本の児童文学作家とは大いに違ってきます。いまは、先ほどおっしゃったように同化の問題もありますし、帰化の問題もあります。だからといって、私たちの祖国が統一したから日本にいる在日朝鮮同胞が全部朝鮮に帰るかといえば、そうじゃないと思います。ここで定着して、ここで生きていこうという志向をちゃんと持っています。ですから、非常に努力のいる社会に住んでいるわけです。

日本人の子どもたちでも生き抜きにくい社会を、朝鮮人がそのあい間をぬって、なおかつ力強く生きていくためにはどうしたらいいか。そういうことが子どもの文学に反映されて、日本の子どもも、なるほど朝鮮人であってもこのようにがんばって生きているんだという、生きることに対する尊厳をきっちり子どもに示したいと思うのです。

それには、いまおっしゃったように歴史を解説するようではいけないわけですし、前に座らせて説教するわけにもいきません。日本の動物絵本でウサギが日本の着物を着ても、クマが日本の着物を着て出てきても、普通に私たちはそうしたものだと見てきましたが、同じように朝鮮の童話やら民話には、タヌキがチマチョゴリ着て出てくる、ウサギがチマチョゴリ着て出てくる。それが民族をごく自然に肌に感じさせるものになっていくのであって、お前は朝鮮人だからチマチョゴリが大切なんですよと、説教させてやるんじゃないわけです。動物文学だったら、動物が朝鮮の服装をして出てくるのがあたり前だと思うんです。現在、私どもが志向している絵本なんかの場合でもそうなんです。できるだけ出てくる登場人物は朝鮮の民族衣装をつけて出てくることで、子どもたちにそういうものをアピールする、書き手の側としての計算されたものがちゃんとあるんです。日本だからなおのこと、こういう作業が必要になってくるのではないでしょうか。

少ない在日朝鮮人の童画作家

質問　絵本になりますと挿し絵が非常に重要になってきますが、文を書くほうの作家と挿し絵の書き手の組み合わせはお互いが選べるものなんでしょうか。それとも出版社が選択権を持っているものなんでしょうか。それと在日の挿し絵作家、ずいぶんうまい画家さんが現れているように思いますが、そこらへんについてはいかがでしょうか。

韓　正直なところ、童画をかく作家は非常に少ないんですよ。東京に二、三人、関西にも三人おられるんです。絵をかく人は多いですよ。朝鮮大学にも師範教育学部の美術科があって、毎年卒業生を出しています。うちの娘も美術科を出て絵をかいているんですけれども、童画をかく作家は圧倒的に少ないですね。ですから、絵本づくりのときに非常に苦労するんです。殊に朴民宜さんという人は毎日新聞などにも紹介されたりして、絵本を岩崎書店から三、四冊出していいます。『さんねん峠』とか『へらない稲たば』とか、非常に独特な童画をかきます。トラの上に子どもが乗っていたりして、朝鮮特有の民族性をちゃんと持った子どもたちが登場します。しかし、その作家の画風のいい悪いは、見る人の好みにもよりますし、生理的に合う、合わないとか、みな、それぞれ好みがありますから。読み手の側である子どもが必ずしも全部、この絵がいいというとは限りません。しかし、画家の数が非常に少ないですから、少ない童画家に選り好みできませんから、ついつい一人のひとに無理をしていろんなものをかいてもらったりしています。

出版社が選ぶ場合もあります。自分のところの抱えている絵かきが自分のところでは一番得意であるということで、その絵かきにいろんなものを集中させることもありますが、作家がこの絵かきとのペアでないと自分は作品を書かないという人もいます。そうすると、絵かきもその人の作品のふんいきを知っていますから、かきやすいということはありますね。しかし、とんでもない童画家とペアになりますと、挿し絵が原作をつぶしてしまう場合もあります。

ただ、在日朝鮮人の児童文学の場合は童画家が少ないことで苦慮をしてて、ときには日本の絵かきさんにお願いするときも、たくさんあります。

司会　時間もちょうどまいりました。本日は皆さん、お忙しいところありがとうございました。先生にはわざわざおいでいただきまして、貴重なお話をありがとうございました。

韓　いろいろとありがとうございました。あまりまとまったものとしてお話しできませんでしたので、また機会がございましたら、いろんな話をさせていただけることもあると思います。また在日朝鮮人の子どもの文学ということで、いろんなことでご無理をお願いしたいこともあると思います。そのときはよろしくお願いいたします。ありがとうございました。

第三章　童話作家からみた朝鮮

児童文学者・しかた　しん

はじめに

久しぶりに風邪をひきました。ぼくは三十年ぐらい前にいっぺん大病をやりまして、それからあまり病気らしい病気をしたことがなくて、たまに風邪をひくとなんとなくくたびれてしまい、元気が出なくて申しわけありません。大体不透明な頭がなおさら不透明になっているみたいで、うまくしゃべれるのかわからないという気もするんですけれども。いまご紹介いただいたとおり、ぼくは『国境』という作品をヨタヨタよろめきながら、やっと三部を書き上がってとまではいきませんけれども、ほぼ書いたところです。自分にしてみると、これでひとつ切りがついて、後は遊んでやろうかなと思っていましたが、どうも遊ぶわけにいかなくなりまして、また次を書かないかんなと思っています。ほんとに作家なんて、割に合わん商売だなとつくづく思い、ぼやきながら次の準備をしているところです。今度は『国境』の舞台をもっと拡げて、ヨーロッパ世界とつないでみようか、と考えております。

『国境』という作品は、ぼくにとっては一番かわいい作品です。自分の書いた作品ですから、どれをとってみても、みな同じなんですけれども、特に『国境』はぼくにとって非常に大事な作品ですから、今日は、それに即しながらしゃべらせていただこうかなと思います。作家は誇大妄想癖が強いものですから、研究者の方から見ると、そんな歴史的事実があったのか、うそじゃないか、立証できないことじゃないかという点がかなりあるかもしれません。でも、立証できないことを書くのも、また作家の特権みたいなところがありますから、そういうことを含めて後で質問なり、文句言うなりして下さい。誇大妄想的なところも含めながらしゃべりますので、その点、ひとつよろしくお願いします。

四十年たってから書けた『国境』

『国境』の二部まで出版したわけですけれども、よく主人公の昭夫というのが私の分身ですかときかれることがあるんです。つまり、自分のことですか？ときかれるわけですね。ところが、それが実は一番困ったことでして、確かにある意味からいくと自分に近いんです。昭夫という男は京城帝大の予科の学生だという設定にしてあるわけです。私も何を隠そう――別に隠す必要はないんですけれども、(笑) 私は京城帝大の予科の、そのころは城大予科といっていました、そこの学生だったんですね。昭夫のおやじは一応は大学教授にしたんです。これも隠す必要はないんですが、ぼくのおやじも大学教授だったんです。ただ、そこはかなり変えておりまして、ぼくのおやじは城大の経済学の教授でしたが、昭夫のおやじさんは医学部、その当時医専といわれた医学専門学校、カレッジの教授という設定にしてみたんです。

実は、いま第三部を書き上げたところですが、その第三部の主人公が、年代的にいうと私に一番近い。一部、二部の主人公・昭夫は、逆算していただくと、いまの私よりも十歳ぐらいは上でなきゃいかんことになっております。かなり年をとっているわけです。私はご覧のとおりまだ若いですね、と自分では思っているんですけれども。(笑) それで、三部の主人公になる昭夫の後輩の公雄という男の子、これがぼくと同じ年代で、しかも、三部に書いたソウルの街のでき事が、ぼくにとって、この作品の一番の引き金になった日のことを中心に書いたわけです。

それは一九四五年、戦争の終わった年の、八月十五日の正午という時間です。それから四十年ぐらいたってからやっこらさと作品になるわけですから、書き手なんて一体何をやっているのか、さっぱりわからんようなものですけどね。四十年ぐらいたって、やっと何とか書けたということです。だから出版社のほう、理論社の編集者も、最初はぼくと話をしていたとき、当然そこから書いてくると思っていたらしいんですね。「戦争が終わった日の八月十五日、そこからスタートするんですか」とか言って、ぼくはそのときの勢いで、「ああ、そうです」と返事しちゃったんですね。返事してから、さて書き出そうと思うと、これはだめだったんですね。そのあたりから書き出したら、自分の回想録みたいになってしまうんです。これはまことによくない。現役の作家として回想録を書くなんていうのは、こんなに恥ずかしいことはないわけです。絶対に回想録にしたくないということになってきますと、どこかへ離さなきゃいけないわけです。といって、自分にとっての原点みたいなところは一九四五年の八月十五日ですから、そう遠くへ行くわけにもいかない。いろいろと悩んだ末に、第一部に書いたような一九三九年という年から書き始めたということになっているわけです。ここにいらっしゃる若い方には、一九三九年に何があったかは、おそらく考えもつかないことかもしれません。それで裏表紙に、そのとき何があったかを出版社とはかりまして、ここに一応書いとくことにしたんです。なかなか親切にできています、この本は。（笑）

京城で迎えた八月十五日

なぜ、この作品を書く気になったたか、八月十五日の話に戻ります。八月十五日に、ぼくは二つ大きな経験をしたような気がするんです。この作品を書こうと思った一番大きな経験は、八月十五日に朝鮮が一応、解放の日を迎えるわけです。その後、朝鮮はいく変遷もするわけです。南北に引き裂かれる、朝鮮戦争が火を噴きます。しかし、八月十五日には、おそらく誰もそんなことは予想してなかったと思うんです。韓国人というのか、朝鮮人というのか、どっちがいいのかわからない。ぼくは朝鮮人という言い方をいつもしてしまうんですが。朝鮮人にしてみれば、八月十五日が解放の日だと思っていたのに違いないんですよ。先ほど言ったみたいに作家は誇大妄想癖みたいなところがありますから、違うかもしれませんが、ぼくはそう確信しているんですね。とにかく八月十五日十二時に、何をしゃべっとるのかわからん放送がありまして。

ぼくはなぜあのとき全日本人が、あれは天皇の声だと確認したのか、いまだにそれがわからないんですね。(笑) ぼくはよくきいてやるんですよ、その時代の人に。「なんでお前、あれ、天皇だとわかったんだ」と言ったら、「あれは日本語じゃないみたいだから天皇の声だと思った」、という人がいましたね。(笑) また「さっぱりわけのわからんセリフばかりだから、天皇しかああいうこと言わんやろと思った」とか。だって、天皇の声なんて誰も聞いたことないですよね。ぼくはあれはひょっとしたら天皇の声じゃなくて、謀略か何かあったんじゃないかと、ときどき疑ったりします。そのうち、あれは実は天皇の声ではなく、タイムスリップしてきたインベーダーの声であった、そういうSFを書いてみようかな、なんて思ったりしているんですけれども。そんなことはどうでもいいんですけどね。(笑)

ぼくはそのとき予科の学生でした。天皇の放送が終わってから、予科部長がひょいひょいと教壇に上がりまして、「本日ただいまをもって京城帝大は解散いたします」、もぐもぐと何かしゃべって、さよなら、これでおしまい、ということになった。そのころ城大の予科に入るためには、小学校の上級生あたりから受験勉強に入ります。えんえんと勉強、勉強、また勉強が続くわけでしょう。こちとらはあまり勉強してなかったけれども、たまたま運よくその学校に入っちゃったわけだけれども。(笑) それが、はい、これでさよなら。校門で、ガリ版で大あわてで刷ったらしい在学証明書の小さな紙切れを渡されて、それでおしまいになってしまうわけですから、みんな、まるでぼうっとしてしまいまして。そのあたりのことは三部に書いたんですけれども。

校門を出まして、ああいうときは人間というのは、ほんとに一瞬どうしていいかわからなくなっちゃうことがあるんですね。北のほうに家のある男が、とにかく北へ帰ると言い出したんです。ぼくはなんとなく嫌な予感がしたんです。いま北に帰るとよくないことが起こるぞという予感がしたんです。お前、帰らないほうがいいんじゃないのと言ったんだけど、やっぱりお父ちゃん、お母ちゃんが北にいるから、北のほうの家に帰りたいというんですね。やつは帰ったんですよ。彼が帰るとき、「やめとけ」と強引に引き止めようと思ったんだけれども、そのときぼくははっきり言っとけばよかったんだけれども、いまだに後悔しているんですね。やがて、北のほうでは移動禁止令が出て、アッという間に北と南に引き裂かれるわけです。その男は、そのままシベリアに送られたのか、行方不明になってしまう。運命としか言いようのない空しさを、今でもよく思い出します。

朝鮮解放を喜ぶデモ行進

八月十五日、十二時の前まで私たちが何をやってたかといいますと、ソビエト軍があさってには京城の街に現れる、戦車隊がやってきたときにはお前たちは布団爆弾抱えて、それぞれ戦車の下に飛び込むんだということで、布団爆弾の肉薄攻撃の訓練を受けていたんです。いよいよ来るぞというので、その日は朝からタコつぼ、防空壕を掘っていたんです。ここに飛びこんで、戦車が目の前にやってきたらバッと飛び出して、爆弾を抱いて突っ込むんだ、というんです。それを想像しながら、「いよいよ、もう死ぬんやな、これは自分の墓場やな」と思いながら掘っていて、それが突然引っくり返っちゃうわけでしょう。頭の中がどうかなっちゃうんですよ、大学はパッと消えてしまうし。まあ、よくいうプッツンという状態ですね。頭のほうがついていけない状態。しかし、そこがやっぱり若さなんですね。好奇心というものの怖さと、ありがたさですね。すぐ家に帰るのもったいなくて、そのまま京城の街を散歩したんです。そこで、ぼくは生まれて初めてデモ行進を見たんです。朝鮮人のデモ行進です。

そのデモ行進をやっているときの朝鮮人の顔が、ぼくのそれまでのイメージの中にあった朝鮮人の表情を完全に引っくり返してしまった、これがこの作品を書く一つの大きなバネだったんじゃないかなと自分で思うんです。それは、この作品を書くことだけじゃなくて、ぼく自身にとっても一番大きな人生を考えるバネになったんじゃないかと思うんです。それまでの朝鮮人のイメージといえば、やっぱり暗い、うつむいてる、はっきりものを言わない。ネクラのイメージがあったんですね。ところが、そのデモ行進のときの顔のすごいこと、明るいこと。みんなが口いっぱいに「万歳、万歳」、広い目抜き通りを道いっぱいに歩くんです。腕なんか組んではないんですね。道いっぱい歌いながら、踊りながら歩くわけです。感動的な踊りだったですね。どこかで誰かが踊り出す。みんながたちまちそれを中心にして大きな踊りの輪ができちゃうんです。踊りながら、どんどんある一定の方向に行く。それを見ていると、ぼくも自分が日本人だということを忘れてしまって、いい調子になって中にまぎれ込んじゃいまして、「万歳、万歳」なんて言いながら歩いたんですね。それも『国境・三部』に書きました。

「ここはお前のいる場所ではない」

大変恥ずかしいことだったんですけれども、そのときは侵略者としての罪の意識はなかった。ヒョッと気がついてみると、その街角に一人、予科の学生が突っ立っていたんです。これは朝鮮人の学生です。そいつは三ヵ月ぐらい前に教室から姿を消した男だったんですね。独立の準備のために彼は姿を消して、工作員として地下組織に入った男だったんだろうと思うんです。建国準備委員会という腕章をつけていた。まずいことに、そいつとバチッと目があっちゃったんですね。目があわなかったら、ぼくは知らん顔をして万歳、万歳と言いながら、おそらく京城駅まで行ってたと思うんです。(笑)

そいつが、ちょっと来いというんです。「なんやねん」と行ったんです。彼にえらい厳しい顔で、「ここはお前のいる場所じゃないんだよ」と言われたんですね。それはほんとにドキッとしましたね。「ここはお前のいる場所じゃないんだよ」と言われたときに、アッと気がついた。まことにうかつな話ですけれども、それが自分にとって朝鮮に生まれて育ったことをもう一回問い直す、考え直す、見直す、その大きなきっかけになった気がするんですね。

植民地の日本人の意識

『国境』の中で主人公の昭夫が旅をするんです。作家仲間からは、しかたしんなんて男は人間の内面を書けないから旅をさせて事件を起こすんだなんて、よくいわれるわけですが。(笑)これはそのとおりでして。(笑)ぼくはしんねりむっつりと、人間の内面を写すようなことは好きなほうじゃない、やっぱり事件と旅が大好きですからね。でも、この作品の場合の旅の設定は、考えに考えた末の旅だったのです。その時代の城大の予科の学生、日本人の一人の青年が自分の置かれた場所を出て、朝鮮人や、中国人や、モンゴル人の真実に触れるためには、絶対どっかに出なきゃだめだという状況がありました。学校の講義にはそんな学科も教授もいないし、出版もジャーナリズムも厳しい検閲下で真実を語ろうとはしない時代でしたからね。その状況をどうやってつくるかというと、旅しかなかったわけです。旅というと非常に安易に見えるし、予想したとおり出版した後、悪口もいわれたんだけれども、ぼくにしてみれば、やむを得ない選択でした。でも、ぼくは、主人公に旅をやらせる中で、自分の中で先ほど言いました「万歳、万歳」といいながら朝鮮人が踊りくるっていたときの表情と、その前の日本の植民地支配下での表情との落差を考えていたんです。

この中で引き揚げの方がいらっしゃったら、ちょっと差しさわりがあるかもしれませんけれども、現地にいた日本人の中学生ぐらいまでの子どもたちはおそらく七三ぐらいの割合で分けて、七割ぐらいが武断派型、ファシズム派だと考えてもいいんじゃないかと思うんですね。つまり朝鮮人に対しては、頭から朝鮮人はだめな民族、ばかである、できが悪い、勉強ができない、そういう親や教師から植えつけられたイメージを疑ってかからない。後の三割ぐらいが、自分は朝鮮人のことをよくわかっている、知っている、そう簡単にきめつけるわけにいかないと思っている。まあ、インテリ派といいましょうか、文弱派。

これも作品の中に書いたんですけれども、日本人と朝鮮人は、行く学校が小学校のときから全部違います。中学校あたりになるとひどくなるんですけれども、とにかく中学校でも小学校でも、金持ちの朝鮮人たちは、自分の子どもたちを日本人の中学校に入れたわけです。日本人の中学校に入れたほうがはるかに学校の設備はいいですし、進学率はケタが違います。だから、どうしても無理をして日本人の中学校に入れるんです。クラスの中に少数派として五人ぐらいの朝鮮人がいつもいたわけです。そうすると、五人ぐらいの朝鮮人に対して、ファシズム派の連中はいじめるわけです。何かあるといじめる。ところが、軟弱派のわれわれのほうはだめなんですね。腕力もないし、意気地もない。中学生ぐらいになると、腕力がある連中は柔道部、剣道部で、腕も足も太いし、それこそ文句をつけると踏み殺されそうな連中が多いわけでしょう。なかなかかばってやれない。でも、自分の中では「おれは違うぞ！」なんて、一生懸命思いこんでいるだけなんです。いじいじとね。

「おれは違うぞ」という思いこみ

ぼくもその一人だったんですけれども、これが、つまり「おれは違う、朝鮮人のことをよくわかっている」と思いこんでいることが大きな誤解だったのを知ったことが、ぼくの心の旅の出発点だったような気がするわけです。ぼくのおやじは京城帝大の経済学部の教授をやってまして、教え子たちが大勢、しょっちゅう家に来ていました。おやじ自体も、朝鮮人の学生は実に優秀なんだぞ、日本人なんか、まごまごしてると負けちゃうぞなんて言ってました。おふくろは絵かきだったものですから、朝鮮人の優れた絵かきが何人か家に来てる。子どもの場合、大人と違って直感で、いい絵とか、いい絵かきとかいうのはわかりますよね。ぼくなんかそういう意味でも、朝鮮人のことをよく知っていると思いこんでいたわけです。これが実は思いこみに過ぎないということがだんだんわかっていくのには、戦争が終わって引き揚げてきて、かなり長い年月がかかってからでした。

日本人が侵略者の立場で朝鮮にいるときに、いくら朝鮮人のことがわかったといったって、ちっともわかってやしないんです。そのことをようやく発見するのに、ぼくにとって十年ぐらいの年月がかかっちゃったんですね。日本で、ぼくにとって本当の母校になった愛知大学のすぐれた教授たちから真実を学ぶ、初めて朝鮮人の学友と一緒に暮らすということを通ってきながら、やっとわかってきたんですね。『むくげとモーゼル』という私が初めて書いた児童文学の長編は、そのあたりがやっと自分の中ではっきりわかってきたという一里塚でした。ぜひ書きたいという思いで、『国境』と同じように旅の最初の第一歩だったわけです。この作品も旅をする構成になっていますけれども。

朝鮮人強制連行を目撃

旅といえば、いくつかの場面をいまでも思い出します。ぼくは予科では山岳部におりましたし、中学校のときも旅行気違いの一人でしたし、おやじなんかも旅が好きで、しょっちゅうぼくを連れて朝鮮の奥のほうなんかの調査旅行に連れていってくれたりもしたんですね。おやじは日本人の学者としては初めてだったんでしょうね、朝鮮の農村の慣行調査をやったグループの一人でした。そんなこともあって、割とくっついて旅をした思い出があります。

旅をするとき、朝鮮鉄道で幹線というのは、京釜線というプサンとソウルを結ぶ線が一つあります。そこから枝分かれして支線がありますす。支線のほうに入っていきますと、日本人なんか誰も乗ってやしないんですね。朝鮮人がいっぱい乗ってるわけです。冬になるとダルマストーブが列車の中に置いてありまして、そのまわりに朝鮮人が集まって楽しそうにワアワアしゃべりながら談笑しているわけですね。そこにぼくらが入っていくと、日本人だと一目でわかっちゃうんですね。パッと話がとまって、白い目でジーッと見るんです。白い目でジーッと見据えられると、いたたまれない気がするんです。降りるわけにいかないものだから、こっちも小さくなって隅にいるわけです。その目のすごいこと、それが一つの大きな印象です。そのときにぼくは心の中で、なんて理不尽なんだろう、と思うわけです。ぼくは自分自身を理解者だと思いこんでいますからね。朝鮮人のことをよくわかっている男なんだ、よくわかっているおれを、なんでそんな顔つきで見るんだ、そういう思いがあるんです。そういう思いにならざるを得ないことがあったのにね。

いっぺん、どこかの小さい駅で朝鮮人が強制連行される現場を見てしまったことがあるんです。これもすごかったですね。ぼくは人間が泣くというのはこういうことかと初めて知ったわけです。オモニが泣き叫ぶ、泣き叫ぶオモニをけ倒し、ぶんなぐり、ひっぺがしながら、息子や夫たちが貨車に積みこまれていく風景を見てしまった。その泣き声は強烈に残っているんです。ぼくはそのときに、自分が朝鮮人をわかっていると言ってたくせに、指一本動かすことができない日本人の限界を、どっかで感じてはいたんですね。でも、そのときは何を考えたかというと、やがてそのうちおれは城大を出て、どっかの工場長にでもなったら、絶対こんなことさせないぞ、こう思っちゃうわけですよね。これが、そのころのぼくの一つの立場だったし、おそらくぼくだけじゃなくて、植民地生まれの文弱、軟弱派の日本人の子どもたちの発想だったという気もするわけです。そのことを『国境』の二部あたりに、若干書いたりしています。

そういうイメージと、解放の日のすごいわき立つようなイメージが、ぼくの胸の中では二つの非常に大きな落差として、日本に帰ってからも残っていたということです。この落差をどうやって埋めたらいいか、どうやったら埋まるんだろうかが、ぼくの人生の一つの課題としてずっとあったことが、この作品を書く一つの引き金になったんじゃないかなという気がします。

人生の原点となった朝鮮解放の体験

さて、八月十五日が暮れまして、次の日あたりになってきますと、ぼちぼちと建国準備委員会が形を整え始めるわけです。九月六日に建国準備委員会の結成大会が京畿高女、いまは何という名前に変わったか知りませんが、京城市内の大きな一流の女学校の講堂で開かれるわけです。次の日にアメリカ軍が上陸してくる、建国準備委員会で選んだ首席、副首席、大臣の名簿をアメリカ軍政府に認めさせる。それで新しく統一朝鮮が発足する、大体そういうスケジュールが組まれていたみたいです。私の学友たちは、京城帝大の学生といえば、たとえ予科生でも、その時代の朝鮮人の中では知識人のうちに入っていたわけですから、それぞれ活躍を始めるわけです。腕章をまいてさっそうと集会の司会をやっていたり、自分たち同士で、将来の国防軍のあり方がどうとかという調子で討論会をやったりしてるんです。その気配が、なんとなくこっちにも伝わってくるわけです。すごくうらやましくて、いよいよ朝鮮が新しい国になるんだな、なんて思う。それに引きかえ、おれは日本に帰る、いまは日本がどうなるかわからへんし、ひょっとしたらこのままアメリカに連行されるかもしれん、ということで暗い気分でいたわけです。

八月十五日を境にして、毎日毎日、朝鮮人の明るい顔を見られた、一種幻のような日々だったという思い出が、ぼくの中にずっといまもあるんですね。そんな中でいくつか妙な事件が起こるんです。八月十六日に建国準備委員会が一斉に日本の大きな企業、工場、放送局、新聞社を接収しちゃって、全部、建国準備委員会でかためてしまったんですね。すると八月十七日に、逆接収といいまして、朝鮮にいた日本の軍隊が突然動き出しまして、もう一回取り戻しちゃうんです。ぼくなんか、あれ、どうなっていくんだろう、と思ったりしたんですね。学友たちも憤慨しながらデモ行進をやったりする。しかし、日本軍が戦車を先頭にして放送局、新聞社を逆接収してしまう。建国準備委員会のほうでも指令が出たとみえて、どうせ自分たちのものになるんだから、いまここで余計な血を流すなというようなことになったらしいんですね。そういう歴史の変わっていく瞬間を見られて、自分にとってはよかったなと思いながら家に帰ってくると、さすがにのんき者のおふくろも心配だったとみえて、「お前、どこに行ってたの、ばか!」なんて怒られたりしました。歴史が変わっていくときというのは、ドキドキしてくるんですね。街に出ずにはおられない。人が集まっていれば一緒に演説が聞きたくなってくるし、自分でもどうしようもない、おっちょこちょい気質なんですね。とにかく、そうやって街の中をあちこち見て歩いた思い出があります。

これも忘れられない風景の一つですけれども、東大門という李王朝時代からの大きな門がありまして、一つの交通センターみたいになっているところなんですけれども、そこに大きなはり紙がしてありました。まさに墨痕淋漓《ぼっこんりんり》という感じで、「我らはいま解放された、解放民族としての衿持、誇りを持って生きよ、日本人に対して理由のない略奪やら暴行はするな」なんて、はり紙があった。ぼくは日本人が朝鮮人に何をやったか、日本人の憲兵が何をやったかは、はっきりこの目では見ていないけれども、うすうすわかっていました。おやじの関係、おふくろの関係もありますし、旅でも、さっき言った連行シーンなんか見たりしていますんでね、うっすらとはわかっているんです。わかっているものだから、それを見たときに顔がまっ赤になりまして、見ておられなかったという感じがしました。そういうショックに十七ぐらいの時期にでっくわしたことが、人生の一つの原点になったと思います。

アメリカ軍の仁川上陸に立ちあう

事件といえば、出版社のほうからはぜひ書けといわれて、結局書かずに終わっちゃったんですけど、九月八日でしたか、アメリカ軍が仁川に上陸してくる。上陸の最初の瞬間に立ちあわせてもらったという幸運があるんです。これも考えてみれば一触即発のきわどいところでして、このときもさすがにおふくろさんに、絶対に今日は家を出るなよと言われてたんですけどね、ついまたフラフラと行ってしまったわけです。つまり、そのときに学生通訳隊の募集があったんです。明日アメリカ軍が上陸してくるから、学生通訳隊に志願したいやつは志願しろということだったんです。皆さん方あまり知らないかもしれませんけども、戦争中は日本はあほな国ですから、英語を勉強するのは敵国の思想にかぶれるというんで、英語の勉強が差しとめられてたわけです。中学校なんかでも、英語の勉強の時間は非常に減らされてた。そのコンプレックスがいまだに残っているということがよくあるんですけどね。

専門学校のコースに入った連中でも、一切外国語の教育がなかった。わずかに外国語の教育をしてもらったのは予科の学生しかいなかったんですね。だから、予科の学生に学生通訳隊の志願者を募るというおふれが回ってきたわけです。ぼくはとにかくおもしろそうだという気がしまして、喜び勇んで行っちゃったわけです。つい三週間前まで敵だったやつ、それがいま目の前に現れるでしょう。その瞬間はやっぱりスリルがありますね。いままで見たことがないようなでっかい爆撃機の大編隊が頭の上をウワーッとまっ黒になって通過していくわけです。でっけえなあと思ったわけですね。こいつらにおれの先輩や友達がみなぶつかって死んでったのか、とか思ったりしちゃって、まことに無残な気がしました。それから白く塗った軍艦があることを、初めて知ったんですね。日本の軍艦はみんな灰色に塗ってありましたから。アメリカのは白く塗ってあるんですね。上陸用の軍艦はきれいなやつを選んで持ってきたんですかね。(笑) そいつがまっ白い、大きな壁のように近づくと、上陸用小艇が波をけたてて迫ってくるわけですが、そのときになると、さすがにこっちの足が震えてきまして、これはえらいことになってきたぞ、銃口を向けられたらどうしようかなと思いましたね。でも、いまさら引き返すわけにいかないから、海岸にポケーッと突っ立って、アメリカ兵の皆さんが上がってくるのを待っていたんですけどね。ジープを積んで上陸用小艇がやってきて、一斉に上陸してくるわけです。

こっちの英語なんて学校の英語ですから、役に立つはずもないですよね。初め二、三言交わしただけで、お前たちは役に立たたん、首だと、バッと首になっちゃいました。(笑) しかし、初めて異国の人に正面からぶつかった、そのときのショックは大きかったですね。いま、いろんな国へ会議やら旅行やら、身軽にひょいひょい行けて、あまりカルチャー・ショックも受けずに済んでいるのは、こういう強烈な予防注射を受けていたおかげかも知れません。(笑)

祖国日本への引き揚げ

さて、そんなことを経験した末、日本に引き揚げてきました。

帰ってまいりまして、今度は別の心の葛藤にぶつかります。日本が自分にとって祖国であり母国であることは、おやじに言われ、おふくろに言われているからわかっていますよ。戸籍簿を見たって、本籍地神戸市難区難北通りと書いてあるわけですよ。御影のあたりを通ると、おふくろがいつも、家はここにあったんだよなんて話してくれるし、おやじの中学校は――いまなんというか知りませんけども神戸一中だったんで、神戸一中の学生なんかがいると、「あれがお父ちゃんの後輩だよ」なんて言われたりしていましたから、そういう程度の親近感はあったんですね。その程度のことしか知らないんですよ。変な言い方だけど、実際に日本にいる日本人とあまりゆっくり話をしたこともない、植民地にいる日本人としか話をしたことがないでしょう。奇妙な戸惑いがいくつかあります。たとえば、日本にいる日本人が港湾の荷役や電車の車掌をやっているということは、大変ショックでしたね。港湾の荷役を日本人がやってる、日本という国は文化的な国だと思っちゃったんですね。これも非常に恥ずかしい話なんですけど、そんなことを言っても、ここにいらっしゃる皆さん、わからないですよね、どういうことなんだか。

つまり、朝鮮にいるときは港湾の荷役だとか、馬車をひいたり、道路工事したり、下男下女なんていうのは、みな朝鮮人がやるわけですよね。日本人は一切そういうことをやらないわけですよ。日本人という文化的で高級な民族は、最低で学校の先生とお巡りさんぐらいなんですね。最低が学校の先生なんていうと怒られちゃうけども、(笑) ごめんなさい。底辺の仕事は、とにかくみな朝鮮人がやるわけでしょう。だから、日本に帰ってきて船の荷役を日本人がやっているのを見たときは、びっくりしたんですね。こっちにしてみたら、学校の先生が荷役をやってるようなイメージを持ってしまいますよ。そのへんが植民地の日本人というのは、ある意味で違う人種として生きてきているわけですね。だから、先ほどぼくがお話ししたようなこと、表向きは、おれたちは朝鮮人のことをよく知っている、理解しているといってるけれども、感覚面では、ほんとは決して理解してなかったんだということは、そういうことを含めて実は言ったつもりだったんです。

食い物のある九州へ

さて、引き揚げ前のことに話は戻ります。祖国日本が空襲ですっかり焼け野原になって、どこに行っても食い物がないということは、うわさで、いやっていうほど聞かされていたんですね。「お前たちは日本に帰っても飢え死にしに帰るようなものだ」なんて、朝鮮人の学友たちに嫌味を言われたりする。「でも、帰らざるを得んじゃないか、お前たちの国にいさせてくれんというんだから帰るわ」と言うと、「それはお前たちがここにいてもらっちゃ困るけどな」なんて言われながら帰ってきたわけです。当時の引き揚げ者はみんな同じことを考えたと思うんですけど、どこに行ったら食い物があるかと、まず考えたと思うんです。私も考えましたね。おやじが留用されて後に残っちゃったものですから、おふくろと妹二人を連れて帰ってきたんです。おふくろと相談しまして、どこに行けば食い物があるだろうかと考えたんですね。たきぎも石炭もないはずだから、暖かくて食う物があるところがいいじゃないかなんて考えまして、それでは九州に行けば食い物があるんじゃないかと思ったんです。（笑）九州は暖かいし、漁港は多いし、さつまいもは山ほどとれるといううわさを聞きましたしね。九州に行けば食い物があるだろうと見当をつけたんです。この見当はくるってなかったですね。間違いなしに、日本中で九州がそのころ一番食い物がたくさんありました。だから、九州に帰った連中は幸せだったですね。東京に帰った連中は、みんなしなびきっちゃってヨロヨロと歩き回っていたときに、こっちは毎日毎日イモと魚食って暮らしましたからね。そういう意味では正解だったんです。

ところが、正解じゃない部分があったんですね。ぼくはそのころはまだ人間の心理構造なんてやつにあまり詳しくなかったものですから、日本人というのは同じ顔をしてるし同じ言葉をしゃべるから、同じような気持ちを持ってるんだろう、こう思いこんだもので気楽に九州に帰ってまいりました。旧制高校に転入学することになったんですが、どこを選ぶかというときもそうでした。南九州に高等学校はたった二つしかなかったんです、そのころは。一つは熊本の第五高等学校、いま熊本大学になっている高等学校ですね。もう一つは第七高等学校、いまは鹿児島大学になっている学校です。宮崎にはありませんでしたし、福岡には福岡高等学校、それと佐賀高等学校の四つでしたね。その中で選ぶとしたら、五高と七高しかないんですね。七高に行きますと、鹿児島弁が幅をきかしているわけです。方言の力というのは、いまの若い皆さんには見当つかないと思いますね。鹿児島弁の人としゃべっていると、全く訳がわからなかった。鹿児島弁の横行する高校なんて入ったら、おれは全然訳がわからんからやめとこうと思ったんです。それより少しは標準語もわかるであろう、五高に行こうと思ったんですね。（笑）

日本人の中で疎外感に悩む

これが大きな間違いだったんです。そのころは全寮制で、とにかく全部寮に放りこまれちゃうわけです。七人ぐらいが同じ寮の釜の飯を食うという形になるわけです。七人の中の一人が私で、他の人はみな地付き、地付きというとおかしいけども、九州の各地から選ばれた秀才連中です。九州の各地から来た連中だから、みんな九州男子、日本人の中でも最も日本人的な九州男子型の連中ばっかりそろっているんですね。「剛毅木訥《ごうきぼくとつ》仁に近し」なんて言葉が寮の入口にはってあったり、「肥後もっこす」という言葉があったりして、要するに都会風はあまり好まれない。地方色が強くて、保守的にがんばるのが校風みたいなところがありました。私みたいなおっちょこちょいが舞いこんでくると、最初からあやしい生き物を見るような目つきで眺めるわけですね。自分じゃ同じように振る舞ってるつもりなんだけども、向こうから見ると違うんでしょうね。朝のあいさつから違うんだから、しようがないんですけどね。たとえば、「おはようございます」の後に、朝鮮ではあまり、お天気がどうとかこうとかいうことはしゃべらない。三寒四温ということで、お天気や気温のサイクルは一定していますし、ほぼ完全暖房の中にいないと凍死してしまうから、厚い壁の部屋の中にいて、お天気なんかあんまり関係ない。それで「今日は寒くなりそうだから用心しろ」とか、「そのうち降るぜ」とか言われると、返事に困ってしまって、目を白黒させているだけということになってしまう。向こうも「ヘンな日本人」と思っていることがよくわかるが、どうしようもない。

そのあたりから始まって、何かにつけて感覚的にうまくあわないんですね。どうも、おれの言ってることがうまく通じないらしいし、おれの思考回路は日本人とは違うみたいだぞと、そのとき思い始めたんですね。いま考えれば、それはそれでいいことではあったと思うんです。地域の高等学校によって、考え方だとか校風、学風が違うというのは、ある意味においてはすばらしいと思うんですけれども、私みたいにいままで日本にいなくて、突然、純血日本人どもにとりまかれると、全く参ってしまう。(笑)九州弁がよくわからないうえに、言葉の裏のさまざまなニュアンスがわかんないんですよね。そういうこともありまして、すごく疎外感にさいなまれたわけですね。向こうも悪意を持ってるわけじゃないんですよ。何とかして仲間にしてやろうと思うんだけど、こっちとのテンポと感性が違う。(笑)ほんとに困っちゃいまして、結局のところは五高にも居着けなかったですね。途中で他の仕事を始めたりしまして、あんまり学校には行かなくなってしまった。

おれは何者なんだろう

そのころ、大陸でお父さんやお母さんを亡くしてしまった子どもたちですとか、戦争で親や兄弟を亡くしてしまった子どもたちのための救援活動みたいなことにのめりこんでいきまして、だんだん学校へ行くのが嫌になってくる。そのあたりのことを『どろぼう天使』（ポプラ社）という、これもあまり売れなかった本で書きました。

そのうちに、植民地にあった各大学から引き揚げてきた教授を中心に愛知大学が豊橋にできまして、そこに引き揚げの学生が全部集まる。集まることにきめたわけじゃないんですけども、要するにぼくと同じような連中がたくさんいたんですね、あちこちに。そいつらがみんな吹きだまりに集まるみたいな形で集まってきて、やっと疎外感から逃れたということだったんです。私もその愛知大学予科に再転入学し、同じような体臭の連中と一緒になって、やっとほっとした、というわけです。

さて、そのときの何年間かの間に考えたことは何かというと、おれはどうやら朝鮮人でないことは間違いない。「ここはお前のいる場所ではない」と拒否されたわけですから、朝鮮人じゃないんですよね。朝鮮にはおれのいる場所がないんです。そうかといって、どうも日本人でもないらしいということは身にしみて実感させられたんですね。論理的に、ここが違うと言われて、そこは直せと言われればわかるし、論理面で日本人になるのは簡単なことなんだけれども、非論理的な回路では自分のやってることのテンポが食い違っている。始末が悪いんですね。要するに、何となく違うんですよ。それをしみじみと実感して、そのときから一体おれは何者なんだろうと考え出したんです。

だから、ぼくは帰国子女の問題なんていうのは、すごくわかるような気がするんですね。そういう論理や外面の形では、どうしようもない感性の回路の違いはほんとにあると思うんです。

でも、「おれという人間は何だろうか」と考え始めたということで、ぼくは大もうけさせてもらったような気がすごくしています。青春の時期に人間が一番しなければならない質問を、そういうことのおかげでさせてもらえたことは、ぼくにとってすごくありがたいことだったなと思ったりしているわけです。八月十五日に京城の街でぼくの学友が突然ぼくに、「ここはお前のいる場所ではないんだ」と言ってくれたことは、ぼくにとって大事な体験だったなと思うし、それが物書きみたいな仕事、芝居の仕事をやり出す一番大きなきっかけになったのかなと思ったりするわけです。そして、さらにそういう自分への疑問を深めていく中で、「人間は一体何を支えにして生きていくのか」というようなことを考え始め、地域活動の問題なんかを真剣に考え出したことにもなったような気がするわけです。

『お蘭と竜太』で書いたこと

『むくげとモーゼル』を出した後に、『さらば！バハンの城よ』というきざなタイトルの本と、『お蘭と竜太』という二冊のシリーズの本を出しました。これは新日本出版社という本屋から出したんですけれども。その本は直接、朝鮮を舞台にしたわけじゃないんですが、どこかでつながっているんですね。ある人からは、『むくげとモーゼル』で朝鮮の問題を正面から問うようなものを書いていたのに、『お蘭と竜太』とか『さらば！バハンの城よ』では、なんで朝鮮から離れたんだなんて怒られたりもしたんですが。

『お蘭と竜太』は、戦国時代の最初のころを舞台にした歴史小説みたいなものです。戦国時代を舞台に「青春とは……」という問いがテーマでして、お蘭という海賊の娘を主人公にしたわけです。そのころ王直という有名な中国人の海賊がおりまして、彼が国際的な海賊船団を組織するんですね。彼は故国の中国を追われた商人なんです。そのころ海禁策といいまして、中国の皇帝が貿易制限をやるんです。その中で貿易に命をかけていた大勢の商人たちが職を失う。その商人たちの連合の頭みたいな男が王直という男でして、そいつが商人連合を組織して、いまでいう密貿易に踏みきるわけです。

そのころ、すでにポルトガルがマカオを基地にして日本の近くまで来ていますし、いくつかの航路が開拓されていますから、密貿易といったって、中国の政府のやる公認の貿易よりはるかに大きな力を持っているんです。でも、これは陰の貿易なんですね。当然、武装もしていますし、海賊まがいの荒っぽいこともやる。バハン船として恐れられもするわけです。王直がポルトガル人やら、中国人やら朝鮮人やらの荒くれ男たちを部下にして、大船団を編成します。その愛娘という設定で、「お蘭」というのをつくってみたんです。ぼくの中では「お蘭」を書きながら、故郷がどこかわからない娘に自分を重ね合わせてみた。王直は故郷に帰りたいんだけれども、帰ると密貿易をやっていますから、海賊として釜ゆでの刑が待っているんですね。だから、故郷に帰るわけにいかない。やがて自分の城を五島列島の中につくる。そして、五島列島の領主の松浦氏と仲よくなって、平戸に城をもらうというふうになっていく。しかし、彼は最後はどうしても故郷に帰りたくなっちゃうんですね。そのあたりの思いというのは、ぼくはほんとに胸を突かれるような気がしたんです。王直は結局、策略だということが半分はわかっていながら、ひょっとしたら密貿易の罪は許してもらえるかもしれないというので帰って、釜ゆでの刑を受けて惨殺されちゃうんですね。その先は全くぼくの創作なんですけれども、その愛娘が残った船団を引きつれて、いずこともなくまた南海を目ざして放浪の旅に出るという設定です。そして、お蘭にほれる漁師の息子の竜太という少年を設定しまして、少年期の恋人のお蘭が海賊船団を引きつれて南へ行く、竜太は日本で残る。彼が、自分は自分の故郷をここでつくるんだという決意をする、そういう物語を書いてみたんです。

『国境』を書く決意

ぼくにしてみれば、この作品を『むくげとモーゼル』の次に書いたのは、自分にとってはさっき言ったアイデンティティーといいますかね、「自分とは何か」を考えていくうえでのメモリーとして書いたような気がするんです。ぼくにとってみるといろんないきさつがあって、流れ流れて名古屋に流れついてしまったわけだけれども、名古屋を自分の地域にして、ここに根づいて自分なりに文化にかかわる仕事をやっていくしかないんだということが、ひとつはっきりしてきた。そのはっきりしたことを作品に書いてみようということで書いた面もあるんです。だから、この後、『むくげと９６００』という作品を書いたんですけれども、それから『国境』まで、しかたしんはずっと朝鮮のことを何も書いておらん、あいつは朝鮮の問題を捨てたんだなんて言われるんだけど、ぼくにしてみればそうではなくて、それらの作品を書きながら、ソウルの街でもらった宿題をずっと考えてきたということは自分の中にあったんですね。その宿題を考えていく中でアイデンティティーの問題、自分の住んでる地域を考えていく課題、そういうことをいろいろ考えさしてもらったということなんです。

そういうことでしばらくたちまして、『国境』を書こうという決意をするまでになるわけです。そこで冒頭の話に戻っちゃうんですけども、『国境』という作品を書く仕事をやるときに一番困ったのは何かというと、朝鮮の問題が自分にとって身近な問題でして、なかなか作品になっていかない。作品はうそが半分なんてよくいいますけれども、半分じゃなくて、七割以上うそなんですよね。うそをつけなくちゃだめなんですよね。うそつきは作家のはじまりなんですよ。(笑) 作家なんてやくざな仕事をするんだったら、うそをつく才能を持ってないとだめなんですね。ところが、あんまり身近な問題ですと、うそがつきにくいんです、つい本音が出ちゃうんです。だから、お巡りさんが尋問するときなんていうのはそのあたりをうまくやるみたいですけれども。(笑) そんなことで、自分にとって一番身近な第三部を後回しにしたということがあります。だから、第一部はほとんど朝鮮のことが出なくて、すぐに中国への旅になってしまいますし、第二部では半分、京城の街を書きましたけれども、やっぱり中国の話になってしまう形で、第三部でやっと京城の街だけの話で一冊書くということをやっています。

なぜモンゴル人を登場させたか

第一部でモンゴル人の少女をメディエーターとして出したんですね。これもよく皆さんにきかれたんです、「なんでモンゴル人なんだ、お前にとってみれば朝鮮人を出すほうが書きいいんじゃないか、『むくげとモーゼル』でせっかく朝鮮人の美しい少女をメディエーターにしたんだから、なんでそれを出さないんだ、モンゴル人では日本人はピンとこない」なんて言われたりしたんですね。でも、ぼくにとってみれば、モンゴル人の少女を出したことは大きな意味があったんです。これも若い方には全く想像もつかないことかもしれませんけども、日本人が東アジアの民族を支配していく中で、お前たちはみんなばかだといってしまうと一斉に反乱を起こされちゃうから、そういう言い方はしないんですよ。「お前たちの中で朝鮮人は日本人と一番長い間一緒に暮らしてた、だから朝鮮人は一番日本人のことをよく知っている、お前たちは日本人と協力をして他の民族を支配する手伝いをなさい」、こうなるわけですよね。インド人がイギリス人の下士官だといわれたのと同じ状態が、日本人と朝鮮人の間にあったと思うんです。ぼくは三部で半ウェノム、半日本人、そのことをだいぶしつこく書いたりしたんですけど、日本人は下士官的な役割を朝鮮人に負わしたということなんです。中国人には、「お前たちは非常に商売がうまい、手先も器用だ、だから工業や商業をしっかりおやんなさい、でも、お前たちの心は日本人から非常に遠い、心は絶対お前たちにゆだねるわけにはいかん、日本人のいうことをきいてしっかりと商業と工業をやれば、それがお前たちにとってもいいことだし日本にとってもいいことだ」、というのが中国人との関係だったと思うんですね。

そして、徹底的に日本人が軽蔑したのはモンゴル人なんです。「モンゴル人というのは、羊しか飼うことができない、だからお前たちは牧畜。土地だけ与えてやるからそこで羊や牛を飼いなさい、その皮は日本の兵隊さんに献上しなさい」、こうだったわけです。だから、「満州」で五族協和といわれましたけれども、モンゴル人はその中で一番低いランクに置かれたんですね。第一部の中に満軍の話をだいぶ書いてますけど、満軍の中でもモンゴル人の部隊は軽く扱われています。

歴史の本に登場しなかったノモンハン事件

第一部ではノモンハン事件を一番メインで書いたわけですけれども、これも若い皆さん方は歴史でどういうふうに習っていらっしゃいますかね。私の大学で学生諸君に、ノモンハン事件を知ってる者は手を挙げろと言ったら、誰も手を挙げなかったんでギョッとしたんですけどね。

日本がソビエト軍の機甲部隊と正面からぶつかったというのは、ノモンハン事件が二回目ですね。しかも、ノモンハン事件の特徴は、モンゴル軍ともまっ正面からぶつかったことです。いままでそういうふうにばかにしていたモンゴル人の軍隊に、日本陸軍最強の関東軍、それが壊滅させられてしまった。日本のそのころの最精鋭部隊といわれた関東軍がいかにもろいものか、白日のもとにさらしたという特徴的な事件でもあった。そういうことがあって、政府と軍部とはこの敗北をひた隠しに隠した。おそらく戦争前の歴史の本にはほとんど登場しなかった。ぼくなんかがノモンハン事件を知っているのは、あの事件には朝鮮の師団、ぼくらの先輩が召集されて大勢戦死しましたし、戦死しないまでも、ほうほうの体で逃げ帰ってくる。そこはよくしたものでして、「お前だけには話すけどな」ということで、ソビエト軍の戦車団のおそろしさを先輩から後輩に語り継いでくれたんです。ぼくらはノモンハン事件を通じて、ソビエトという国がどんなにすごい底力を持っているか、身にしみて知ったわけです。荻須某という師団長がおりまして、ノモンハン事件で指揮をとっていた。部下たちを早く退却させりゃいいものを、最後の最後まで退却させないでいて、ほとんどの部下を殺してしまった。その荻須のあほが靖国神社で、ノモンハン事件の生き残りや遺族たちの前で、「おれの部下だった者は前に出え！」と叫んだとかなんとかというのが新聞に載っていて、こんな師団長がいたんじゃ救われないな、なんて思ったことがありました。

ぼくがノモンハン事件を書いたことの中には、モンゴル人を通して日本のそのころの差別政策、その一番下にいたものとしてモンゴル人を書いてみたかったんです。つまり、モンゴル人を書くことで、その当時の日本という国の思想を書いてみたかったということもありました。そういうことで朝鮮人でなくてモンゴル人であった、副主人公、メディエーターはモンゴル人の少女にしたんです。

日本はアジアで何をしたか

もう一つは、『国境』を書こうと思って構想してからではなかったんですけれども、うまいチャンスがありまして、十何年ぐらい前ですか、まだ日本人があんまり行ってないころにモンゴル人民共和国へ行かしてもらったことがあります。モンゴルの首都ウランバートルには軍事革命博物館があるんですが、その博物館は一応は観光コースに入っているんですね。入ってるけども、通訳兼ガイドの人たちは日本人であるぼくらの気持ちを推し測って、そこはかけ足で通り過ぎさせようとしたんです。そのとき、ぼくは思わず「待った！」と言ってしまったぐらい、初めてノモンハン事件の真実を見たという気がしたわけです。何を見たかというと、確かに日本の側は二個師団が全滅をした。何万という師団単位の兵力が一週間ぐらいで消滅してしまった激戦だったわけですけども、モンゴル自体にしたって、初めてまっ正面から国の興亡をかけて外国と戦ったのは日本だったんですよ。彼らの国は、ぼくも詳しい数は覚えていませんけれども、人口にすると何十万というぐらいの人口しかなかったんですよね。その国で兵隊になれる人口というと、たとえば二十万の国でしたら、兵隊になれる人口は、せいぜいがんばったところで四万ぐらいのものです、五分の一ぐらいのものです。五分の一の人口の中の二万の兵士がそこで戦死してしまえば、その国はどんな打撃を受けるか。つまり、国の労働、軍事、生産を担っている最重要の若者たちのうち半分が一夜にして消えてしまうわけですからね、どんなにその国にとって大きな打撃であったかが、そのときにすごくわかったんです。

日本の側では歴史の一部分としてですら教えられないけども、モンゴル人の側にしてみると、どんな思いで日本という国を見ているか、ぼくはそのときにわかったような気がします。モンゴルをひとつの例として、日本という国が、アジアの国々にどんなに深い加害をしたことか、その一行なりとも書いておきたい、そういうことも含めながら、第一部でぼくはモンゴル人のことを書かずにはおれなかったということがあります。もちろん『国境』の表紙の絵だけ見て、戦争中の年代の人だったら、あっ、山中峯太郎だ、なんてことを言い出すかもしれないけれども。(笑)実は山中峯太郎というのが頭の中になかったといえばうそですけれども、何よりもぼくにとってモンゴル人はある重い意味を持っているんです。これはいまでも、非常に重い意味を持っていますね。第二部で何とかしてまたモンゴルの話を書こうかなと思った。最後のところでモンゴルに空港をつくる話を書こうかなと思って、原稿までちゃんと書いたんですが、なんとなくそこはわざとらしいし、なんでわざとらしいものを出すのか理解に苦しむと編集者に笑われて、やめてしまったんです。

民族と民族とが協力し合える道

そういうことをやりながら、ぼくは『国境』までたどりついたということなんです。『国境』にたどりつくまでの間に、出発点として、自分の原体験としての朝鮮の風景やら朝鮮人との問題がありました。日本に帰ってからの自分の人生の分かれ道みたいなところでも、朝鮮での体験はすごく大きかったと思いますし、いまでも大きいんでしょうね。そういうことで、この作品を三部まで運よく何とか発行してもらえそうだなというところまで到達したということなんです。

ぼくは『むくげとモーゼル』という作品の中で、お互いに民族として自立しあってこそ友情が生まれるということを書いたんですけれども、それと一緒に、ほんとに国と国、民族と民族が協力しあう道とは何だろうかを、やっぱり課題として提供しておきたいなという気がすごくします。核の問題一つにしたって、ただ自分たちの民族の中だけで考えたって、どうしようもない問題はすごくたくさんあるわけだし、文化の問題なんかにしたってそうですよね。自分の国の文化の発展を考えていくと、どうしたってインターナショナルな視野を持たないと解決しようがないということを思います。それでいま、『国境』の続編はヨーロッパを出発点にしようと思っています。

片方では、先ほど言ったみたいにぼくにとって大事なのは地域活動ですね。地域活動と一緒に国際的な視野とを結びあわすみたいなことをやっていかんとあかんなと、この年になってやっと気づいたということですかね。それを一応、三部のラストに据えてみたつもりです。

そんなことで、一応、私の話は終わらせていただきまして、後は質問なり感想なりいただきながら話をしたいと思います。

〈質問と答え〉

司会　そしたら、ここで第一部を終わらせましょう。（笑）それぞれきちんと読んでうなずいておられた方や、想像しながら聞いていた方もおられるようです。それでは、質問ということにしましょう。どうぞ。

質問　子どものためにと思って最初は買ったんですけど、自分が読んでおもしろかったというか、きざに言えば勉強になった、日本が「満州」とかそのあたりで何をしたかということを、ほんとに知りませんでしたから、教えられることがたくさんで、その意味でおもしろかったです。第三部を楽しみにしているんです。

しかた　ありがとうございます。実を言うと、普通、日本人はどの程度、戦争中の朝鮮や「満州」のことを知っているのかなと思うんです。ことに最近、学生を相手にし始めると、わかんなくなってきてしまっているところがあります。

史実と架空リアリズム

質問　昭夫がいろんな危機をくぐり抜けていく、もうここで終わりだなというところでいろんな救いの手が現れてくる。月光仮面が現れるようなものですが、（笑）よくも考えついたものだと思うんです。で、逆に死んでいった昭夫たちもきっといるだろう、民族の真の姿を理解しようとしながら、その手前でとどまるとか、あるいはそういった現場に飛びこんでいった、死んでいった昭夫たちがいたと思うんですけれども、いかがでしょうか。

しかた　確かに多かったと思うんですね。ほんとに歴史としてそれを書いたならば、そういうことを書かなきゃいけなかったんでしょうね。それもよく皆さん言われることです。おっしゃるとおりなんですね。死んでいった昭夫が多かったと思います。『むくげとモーゼル』のときにも、ここまで真実を知ってしまった少年は、おそらく日本には戻れなかったに違いないということをよく言われました。これは『国境』の場合でも、一部を書き終わるとき、一番苦労したのはそこなんですね。なんとか無事に二部に続けるためには、うまいこと主人公の昭夫が生きのびて、ちゃんとソウルに戻ってきてくれなきゃ困っちゃうわけですからね。(笑) こう書いたけど、おかしくないかな、これで無事にソウルに戻ったとして、つじつまは合うかしら?、なんてことを編集者に読ませながら書きました。最後はかなり苦しかったですね、正直に言って。

確かにこれはうそっぱちなんです。あの時代の史実からいうならば、ここまで知ってしまった学生は、とても戻れんかったと思います。向こうの、あの時代のことを知っている方にはそう言われます。でも、戻れる可能性もなきにしもあらずだ、作家なんていうのはそういう可能性に賭けて書くしかないんですね。おっしゃることは全くそのとおりなんでして、むしろ史実に即していうならば、死んでいった昭夫たちなり、そのまま向こうで八路軍の組織にそのまま入ってしまった昭夫のほうが多かったに違いないんですよね。

また、私もどっかでいっぺんお目にかかりたいと思っているんですけども、京城帝大の三宅教授という方を中心にした反帝学生同盟事件に連座した学生たちなんて、みんなそれこそ卒業生名簿からも消えてしまっている人たちもあります。そういうことがたくさんあったんじゃないかという気もするんです。

革命もあれば、いくつかの内紛なり内ゲバがあったわけですし、その中でたくさんの人が消えていったことは事実だろうと思いますね。歴史学としてならば、そのあたりの追及はほんとはしてないといかんのですね。ぼくは、ありがたいことに作家なものですから、幸せにもそこは逃れる、月光仮面のおじさんはいつも健在であるということで、なんとなくつないできちゃっているわけです。（笑）

ぼくは、変な言い方ですけども、「架空リアリズム」だと自分の作品を位置づけて見ているんです。架空リアリズムとは、現実的リアリズムじゃないですね。つまり、リアリズム的な舞台装置はばっちりつくるけれども、そこにおる人間はそうじゃない、現代の青年なんですよ。はっきり言えば、昭夫と、この後出てくる公雄なんかはことにそうですけど、現代の青年のつもりなんですね。昭夫がその時代の青年として、その時代の青年の精神構造をそのまま現実的リアリズムで書いたならば、とても作品にならなかっただろうという気がします。舞台装置だけはいかにもリアリスティックに構築してありますけれども、架空リアリズムだとぼくは自分で割りきっています。だから、これは歴史小説じゃないんだ、ぼくは歴史小説を書く気なんか全くなかったんだと、皆さんにもそう言っているんです。でも、舞台装置についてはかなり綿密に自分なりに計算してありまして、割にその意味じゃ褒めてもらえたんですよ。うまくつくったな、ということでね。(笑) 私の尊敬する先輩で、時代考証に詳しい人がいまして、その方にまず読んでもらったんですよ。こわかったですからね。架空リアリズムですけど、架空がばれてしまうと困りますからね。その人に、どこかおかしいところなかった?というたら、「お前、さすがにうまくつくった」と褒めてくれまして、それで安心したということがあります。

要するに、いろんな継ぎはぎを組み合わせてリアリスティックな舞台装置をつくって、そこへ現代の青年を登場させたのが『国境』だというふうに、自分ではかなり割りきっています。だから歴史とは違うだろう、歴史的に正確に昭夫という人間の精神構造をつくり上げたならば、おそらく、とてもこんな形の活躍はできなかったに違いないというふうには思いますね。ぼく自身がその時代の先輩たちを見ていますから、そういうことを考え出したら、とても書けなかったですね。

権力階級の精神構造を身近に見る

もう一つ、ぼくがこの作品を架空リアリズムで書いても書けるなと確信を持ったことは、ぼく自身の環境からある幸運があったと思うんです。ぼくのおやじが城大の経済学の教授だったこともありましたし、隣の家に住んでた人がやはり城大教授で、日本の保守層と深いつながりがあった人なのです。戦後、自民党の保守層の一翼を担った人です。ぼくの家とはお互いに垣根のないようなつきあいをしてまして、その息子もある国立大学の教授になるんですけども、そいつとぼくとは小さいときに一緒に相撲とったり転げ回ったり、木登りをやったりした仲だったんですね。その一家のところに、ある宮内庁のお偉方がよく遊びにくるんですね。こっちは子どもなものだから、向こうは安心してしゃべっているんですよ。「うちの天皇はしつこい男でね、ばかみたいに余計なことよく覚えているんだよ」とかね。(笑)「がんこなやつでね、このへんで考え変えりゃいいのにまだ変えねえんだよ」とか、そんな話をやってるわけですよ、いっぱい飲みながらね。向こうは、たかが子どもだと思ってますから平気でやってるんだけど、子どもだっておもしろい話はきっちり聞いていますからね。そのときにはわからなかったんだけれども、だんだん後になってくると、あれはこういうことだったのか、とわかってきました。そんなことで、日本の権力階級の精神構造なんかを、割に身近に感じることができたということですね。

これも当事者が全部死んじゃったから、もう言ってもいいことですけども、ぼくのおやじの兄貴は東京で憲兵隊長をやってまして、東条が政権につくときに陰で支えた男なんですね。東条が政権につくとき、その伯父貴、彼が東京憲兵隊という、一番ひざ元の権力機構を抑える立場のグループを握っていて、東条のキバとツメになり、反対派を武力で抑えこんだ。そんなことで、憲兵の持っている権力意識も身近に知っていました。

そういうふうに、いろんな情報を見聞きすることができた。いまみたいにテープレコーダーがあれば、ほんとに全部録音しておきますけどね、惜しいことをしました。(笑) そんな話をしたら、息子にさんざんせっつかれまして、「おい、おやじ、頭脳明せきな間に書いとかんとだめだよ」なんて言われましたね。息子にせかされて書いたというのが一つあるんです。「そんな奇妙な経験をしている児童作家は日本人の中にそういないから、そういうことは書く責任がある」なんて、おどしあげられましてね。「書かないのは歴史的責任を果たさんことだ」とかなんとか。(笑) だから、そういうふうな形での作品だと思うんです。

植民地文学の書き方

植民地文学は、いろんな書き方があると思うんです。たとえば赤木由子さんというつい先日亡くなった方で、ぼくの尊敬する先輩がいるんです。『二つの国の物語』という理論社から出した長編小説ですけれども、彼女はぼくと全く正反対の立場でしたよね。「満州」で、庶民の娘で、日本人の中では下積みの階級といいますか、庶民の娘としてたくましい生き方をしているわけですね。彼女がぼくと同じ時代のことを『二つの国の物語』の中で書くんですね。赤木さんに「おれもいよいよ書くからね」と言ったら、「ホウ、書くの。私の本までは売れないから見てらっしゃい」なんて言われてね。（笑）赤木さんのやつは二つの国なんです、日本と中国と。おれは四つの国を書いてる。朝鮮、「満州」、中国、モンゴル、四つの国の物語だからもっと売れると言うたんですけどね、どうもだめですね。（笑）赤木さんの場合は自分の体験の範囲内で、きちんと書いてます。ぼくの場合は、身辺から離れた大きな舞台装置をこしらえたというふうなことだろうと思うんです。だから、かなり違うリアリズムの形になったという気がします。しかし、こういう先行作品があったんで、ぼくも安心して『国境』を書くことができたし、出版社のほうも、『二つの国……』がけっこう売れたですからね、二つの国で売れるなら、『国境』は四つの国でもっと売れるかもしれない、というぼくのあやしげな予言にひっかかりましてね。（笑）

児童文学と対象年齢

質問　成人一般といえると思うんですけど、何歳ぐらい、中学、高校、どのくらいまでを頭に入れて書かれたんですか。

しかた　いまの児童文学の中で、二つ流れがあると思うんです。一つは対象年代を非常にはっきり区切る、読み手をはっきり見定めながら書いていく方法が一つあると思いますね。ぼくもそういう書き方をずいぶんしているんですね。ぼくの売れる本というのは、たしかにそういう本なんですよ。『四年一組幽霊船事件』だとか、『四年一組にせ切手事件』。これも赤木さんと張り合った作品でして、赤木さんは『にせ金事件』というやつを書いたんですが、ぼくはにせ金なんて露骨だから、もっと文化的に、にせ切手でいくわ、なんてね。(笑)赤木さんよりぼくのほうが売れるから見とれといったら、どうも金の力のほうが強いと見えまして、切手がちっとも売れなくて困ったんですが。(笑)

そういう形で、四年生というふうにターゲットをしぼりまして、四年生が興味を持つであろう幽霊船だとか、にせ切手、雪男、そういう話を書くというやり方も一つあるんですね。これは児童文学としては当然のことだと、ぼくは思ったりしています。そういう書き方が一つあります。

『国境』の流れはそうではないんですね。全然子どものことなんか考えてないです、頭から。最初から出版社に、そう宣言したんです。「子どもなんか頭の中にないからね」って。「なくてもいいよ、主人公はちょうど少年と青年の間だろう、そしたらそのへんの連中は少なくとも買ってくれるだろう」って。「いや、一番買わねえ年じゃないのかな」なんていいながらね。(笑)それも一つの書き方だと、ぼくは思ったりするんです。やっぱり児童文学ができあがっていく過程の中には、たとえば『ガリバー旅行記』にしたって、『ロビンソン・クルーソー』にしたって、子どもにターゲットを置いて書いた本じゃないですよね。最初からターゲットなしで一般文学として書いて、その中で子どもがなんとなくおもしろいということで子どもの文学になってったという流れがあります。児童文学というのは、そういう流れがあってもかまわないと思っているんですね。赤木さんの『二つの国の物語』にしたってそうなんですね。全然そういうことは頭から考えてないです。誰がどう言おうが知ったことか、書きたいだけのことを書いてやるからと思った。ただ、いわゆる成人文学の書き方とはずいぶん違うとは思うんです。

成人文学は――この中で成人文学の書き手までいらっしゃるとまた怒られてしまうので、あんまり大きな声で言わへん、小さい声でコチョコチョ言いますけどね――成人文学というのは、あんまり読み手のことを考えずに書く方が多いんですね。自分で書きたいことを、自分の思いで書いていく。児童文学の書き手は、そうはいいながらも、どうやったら読み手がきちんと読んでくれるかということは考えざるを得ないという体質があるのかもしれませんね。そういう意味では『国境』は、なんとかかんとか言いながら、けっこう中学生ぐらいの子どもたちが読んでくれてますし、中学校の学校図書館の選定図書に入れていただいたんで、けっこう読んでいただいたりなんかしているみたいです。

劇画を挿し絵に使うこと

いろいろ失敗があるんですね。ぼくはすごく気にいっている装丁をマイナーの劇画家の方、真崎守さんという、根強い一部のファンをお持ちの劇画家の方に書いていただくことにしたんです。ですから、子どもはまず表の絵だけ見て、「あッ、劇画!」と思ってパッと手にとるわけです。本屋によっては、例の『アドルフに告ぐ』という、すてきにおもしろい手塚治虫の作品がありますよね。あいつと並べて置いてあるんですよ。そうすると、完全に子どものほうは劇画だと思って手にとりまして、パッとめくってみて、字が多い……と置いちゃうんですね。(笑)お母さん方は、この表紙を見ただけで嫌悪感を感じまして、「なに、その本は。劇画じゃないの!今日はその本だめ!」なんていわれちゃいましてね。結局、お母さんから見放され、子どもからも見放されで、えらい絶望的状態。(笑)自分では『アドルフ……』に負けないぐらいおもしろいと思っているんだけど。

質問　いま劇画というのが出たんですけど、私は友達なんかと子どもの本を読む会を開いているんです。第一部を読んだんです。第一部と書いてあるから、第二部がきっと出るだろうなというて最近、本屋さんで見つけたんですけど、そのときにどうしてこんなグチャグチャな劇画にしたんだろうって。(笑)中身とつりあわないし、女優が、すごく女っぽい感じで出てきていたりして。もうちょっと違う絵のほうがふさわしいんじゃないかな、とか思ったんですが。

しかた　それはもうイヤというほど言われてるんですよ。第二部なんかは、こんなエロチックな絵があっていいのかしらとか、子どもに見せられないとか。(笑)まいったなと思ったりしてるんですけど。ぼくなんか、子どもたちが毎日手にしている劇画のほうがもっとすごいじゃないかなと思ってみたりはしているんですけどね。

ぼくが劇画にしたかったのは、先ほどいいましたように、この作品は架空リアリズムなんですね。舞台装置といいましょうか、小道具、衣装がかなり凝っているんです。そういう凝った舞台装置や衣装をきちんと書いてくれるのは、劇画家のほうがいいんですね。これがりっぱな絵かきさんだと、ふんいきでしか書かないんですよ。フワッとしたふんいきで出すんですね。そうすると、かなり、ぼくのイメージと違ってきちゃうんですね。

『むくげと９６００』

質問　私ばかりで申しわけないんですが、あと二つあるんです。

お父さんの「四方文庫」を開かれた経緯ですね。それから『むくげと９６００』、機関車のお話ですが、手に入れたくってしようがないんですが、手に入らない。なんとかして下さいという二つなんですけど。『むくげと９６００』については、かいつまんで荒筋をお願いできませんか。

しかた　『むくげとモーゼル』と『むくげと９６００』というのは非常に運の悪い本でして、

二冊連作のような形で出しまして、出した出版社がつぶれちゃったんですね、あっさりと。売れたことは売れたんですよ。カミさんまで有頂天になっちゃって、「ねぇ、これ十万売れたそうよ、十万冊分の印税が入ったら、いくらになると思う?」なんてそろばんをはじきましてね。そのころ、ぼくは会社やめようと思っていましてね、ぼちぼち会社やめるかな、なんて話しましたら、カミさんしばらく考えて、「そうね、息子たちは大学もうすぐ出るし、これが売れて十万冊分の金が入れば何年か食えるし、劇団もそのうちになんとかなるでしょうし、場合によってはやめてもいいわよ」と言ったもんだから、喜び勇んで、パッとやめちゃったんですね。やめて金が入るかと思ったら、パッとつぶれちゃいましてね。(笑)もらった印税は雀の涙。(笑)

『むくげと9600』は『むくげとモーゼル』の兄弟作なんですけれども、『むくげとモーゼル』の場合、主人公は竜山中学校という私の出身中学、いわばインテリゲンチャの予備軍といいますか、昭夫みたいになる男の視点で書いたんです。『むくげとモーゼル』に出てくる田崎少年は、将来、昭夫みたいな道を歩むであろう、ある程度、昭夫の連続みたいなところがあるわけです。『むくげと9600』のほうは労働者を書いてみたいというのがあったんです。だから、機関手の少年を主人公に書いたんです。そのころはまだ汽車ぽっぽが走っていましたからね、その作品を書くために汽車ぽっぽに乗っけてもらいましてね、中央線を走り回ったんです。ほんとに死ぬかと思うぐらいしんどくて、国鉄の人というのはえらいなあとつくづく思ったんです。その少年が満鉄の機関士になり、いろんな矛盾の中で朝鮮の独立運動に参加していくという話を書いてみたんです。昭夫のようなエリート大学に進む男ではない、別の視点から書いてみたいという思いが強烈にありました。

そういう庶民の視点という形で、さっきから言ってる架空リアリズムを試みた作品があまりなかったということもあったんでしょうね。子どもの本研究会の方からもずいぶん評価していただいたし、自分にとってもそういう意味で惜しいなと思ってるけど、再版して売る気配は全然ないし、絶望的ですね。

「四方文庫」について

おやじの「四方文庫」なんですけど、ぼくのおやじは息子の目から見ると、運の悪い学者だったなと思うことがあるんですね。つまり、朝鮮でそのころ誰もやってなかった実証的な経済学を構築してみたかったんでしょうね。専門が違うんでよくわかりませんけどね、おそらくおやじはそういう気があったと思うんです。そういう意味で、ずいぶん資料を集めたんですね。朝鮮で集めた資料が全部、たまたま何とか文庫という形で、朝鮮でなんとかいう学者の方が引き継いだという記録を読んだんですね、日本に帰ってから。それはよかった、と思っていたら、例の朝鮮戦争の中で、その引き継いだ方がどうかなっちゃったんでしょうね。散失したみたいな感じですね。

「四方文庫」のほうに、散失したと思った本のうちの何冊かが海を渡ってきまして、再びあそこに納められるというようなことを妹が言ったりしていますけどね。どうやって渡ってきたか、よくわかんないけども。

おやじは、こちらに帰ってきて、また朝鮮史をやりたかったんでしょうね。しかし、運悪く、おやじは大学経営の腕があったらしいんですね。学者というのは、大学経営なんていうのはやりたがらない中で、ある種の才能があったんですよね、文部省の役人を丸めこんだり。(笑) 結局、それにこき使われちゃったんですね。だから愛大をつくったと思ったら、名古屋大学をそれまでの理工医の大学から経、文、教を含めた総合大学にする仕事をさせられて、それが終わったと思ったら、岐阜大学を総合大学にする仕事でまた岐阜大の学長につれていかれて、次は愛知県大の学長と、学長業のたらい回しみたいになっちゃったんですね。結局、おやじにしてみると、いろんな資料を集めながらも、それを利用して研究としてまとめていくだけの余裕がなかったんでしょうね。それでガンにかかって死んでしまったわけです。

妹がその後を引き継いで文庫をつくったんですけどね。ああいう文庫というのは金も出ないし、妹が死んだら結局あれで消えちゃうのかな、なんて思ったり。ぼくなんかとてもそんな余裕がないし、年からいったって、ぼくのほうが五つ上だから先に死ぬなと思ったり。(笑) ぼくの息子の一人は劇団で血道をあげてますからね。絶対やるはずがない。上の息子をがんばって学者にすればよかったんだけれども、学者になるだけの才能も金もなかったし、結局跡継ぎがいないという感じですね。ああいう資料というのはうまく残っていかんものだなと実感していますけどね。

司会　「四方文庫」は私は行ったことはないんですけれども、ちゃんと目録も出てまして、一般的にいつでもあいてる図書館じゃなくて、先ほど話が出た妹さんに連絡をとって、いついつ行くからあけてほしいということで、折りあいがついたら見せてもらえるということになっておるんですね。

時間もあと十分になりましたが、いかがですか。

児童文学の衰退と物語性の回復

質問　先ほど友達と話をしたんですけど、先生が、架空リアリズムだけど、いまの現代の青年の精神構造にあてて書いたとおっしゃってます。私たちがこれを見たときに、多少一歳、二歳ズレてもいいけど、そのころの青年が、自分の生きる、いまの現代の世の中をこんなに真剣に考えている世代はどのくらいいるだろうという話になったんです。先生の世代だったら、さっき七対三という話が出たけれど、もっと少数だったかもしれない、真剣に考えているのは少なかったかもしれない。でも、いまの戦後四十何年たった日本の中でだったら、また違った意味でほんとにこんなふうにいまの世の中を考えている子、受験のこと以外だったらどのぐらいいるんだろう、そんなことが話題になったんです。これを読んだ同じぐらいの世代の子どもたち、青少年たちが自分と同じような思考のレベルとして読むんじゃなくて、一つの架空として読むんじゃないかというふうに私は読んだときに思ったたし、そんなふうに話が出たんですけれども。

しかた　文学の楽しみ方はいろいろあると思うんですね。自分にぴったりと引きつけて楽しむやり方もあると思いますし、お話として楽しむ方法もあると思うんです。どちらでもかまわないけど、基本的には読者を引っぱっていく楽しさが必要ではないか。ぼくは架空リアリズムなどという言い方をした中には、それと関係があるわけですね。

児童文学、大人の文学もそうなんだけれども、解体の危機を迎えているという気がしてしようがないんですね。それは何かというと、一部はファンタジーにずっと拡散していくに違いないし、一つは私小説の方向にギリギリまで行ってしまうに違いないだろうという気がするんです。

そこから抜け出す道というのは、おそらくストーリー、物語性しかないいんじゃないかという気が、すごくしているんです。だからぼくは、児童文学は物語性を回復しなければだめだということを思っているわけです。ですから、そういう意味ではこれは物語だと考えてもらえればいいと思うんです。ぼくは、児童文学は物語性を失ってきてしまっていると思っています。大作家たち、あんまり本が売れなくても、もうすでにもうかっているから別にかまわないんだけれども、ごく高尚な、児童の心理の内面のひだを隅々までえがく名作をお書きになるわけですよ。子どもは読まへんですよ、そんなの。（笑）それは読むかもしれないけど、ごく一部ですよね。でも、ぼくはそんな部分だけ相手にしてたんじゃ、児童文学はますます衰弱してくるに違いないと思うんですね。非常にものわかりのいい、文学的な感性の高い子どもたちと、私小説的な感性の鋭い大人たちとの間だけで対話していると、衰弱のほかはない。

そういう意味では、文学がもう一回活力を取り戻すのは物語性が一番大事だというふうに、ぼくは思ったりしています。物語性を展開していくためには、舞台、シチュエーションをきちっとつくっていくことだと考えているわけです。あんまり、共感と同感、わかる、わかる、わからないみたいなことにこだわらずに、全体を読むとおもしろいなと思って、ところどころにはうそっぱちもあるらしいし、おかしいこともあるらしいし、月光仮面のおじさんがいつも出てくるなということでもかまわない。（笑）

小説的な手法がなぜだめになったかというと、中世的な物語性みたいなやつを拒否してしまうところで近代小説が成立したということが、大人の文学を含めて児童文学が衰弱していく大きな原因だったろうという気もします。『二つの国の物語』だって、赤木さんの身辺小説みたいに見えるけど、これは赤木さんの物語ですよ。朝鮮人の身世打鈴と同じことだと思うんです。赤木さんの非常に陽気な、いきのいい身世打鈴ですよ。そういう意味では物語だと考えたほうが、これなんかいいと思うんです。そう言ってやったら、彼女は「私は文学者じゃないのね」というから、

「そうだよ」。（笑）

痛みをもって歴史を教える

質問　ちょっと、それるかもしれないんですけど、中学生ぐらいの子が歴史的なことをどれぐらい把握してるかということと、文学の受けとり方、いまの話と関連してると思うんですけども。私なんかでも、歴史的にどうのこうの、この人はどう思うてるかとか、そういう事実だけパッと入ってくると、堅苦しく構えてしまうところがあるんですね。児童文学を読み出してから、全然抵抗なく入っていけるんですね。歴史的なことをまた考え出したら、ややこしいのかもしれないですけども、そういうところから入っていくことも、いいんじゃないかなという感じがします。

しかた　そのとおりなんですね。いま歴史小説を書く人たちは、たとえばぼくの同人誌から出た人だから悪口言いたくないけども、『紙すきの歌』を書いた角田君、相手が美人だからなおさら悪口言いたくないんだけど、（笑）岐阜の女流作家が、岐阜の紙すきの村を材料にした歴史小説を書いたんですね。わりに評判もいいし、それはそれで文句はないんだけど、ぼくは彼女に言ったんですね。こういう形で書いたら、そのうちにあきられるよと言ったんですよ。読まなくなるよ、と言ったんです。

つまり、非常に歴史学的に書くんですね。こういうシステムはここにあった、この事実はここに記されてあったということを確証を入れながら書くんですね。本人は史実の確かさを読み手に納得させ、自分の作品の堅固さを示すために書きたいだろうし、それが必要だということも大事だと思いますから、書きこむ気持ちはよくわかるんです。でも、そればかりでいったら、ぼくは児童文学の中でも子どもたちが歴史離れしていくと思うんですね。ぼくは物語性の翼に乗せて飛躍していかないと、ただでさえ歴史離れしている子どもが、児童文学の世界でも歴史離れを起こしかねまじいことが起こるんじゃないかと思ったりしています。

質問　ノモンハン事件なんて、やっぱりみんな忘れられているんじゃないかなと思うんですけど。事実、名前だけでしか知らない。

しかた　そうなんです。学校や親から教えられることが、ある痛みを持って教えられてないと、全く名前だけということになる。この作品の中でぼくが何をやりたかったかといえば、いろんな事実を痛みみたいなものを含めて受けとってほしいなということはあったんですね。関東大震災で大杉栄たちを虐殺した憲兵将校・甘粕や東条英機という人間を出しましたけど、ほんとは甘粕も東条も出す必要ないんですね。でも、甘粕や東条という名前が、ある痛みと、ある思いを含めて子どもたちに伝わってくれるとありがたいという気持ちがありました。また、森繁久弥も出てきますが、それも日本という国が、そのころ中国東北部、「満州」に、こんなところでまでつながってたのかというようなことを知ってもらうということで、出してみたいなと思ったりしました。

別にサービスだけのつもりでもないんです。

司会　まだお聞きしたい点はあるでしょうけれども、これで終わりにしたいと思います。先生、どうもありがとうございました。（拍手）

第二部　「児童文学と朝鮮」資料

◇「オリニの会」編　朝鮮をあつかった児童文学作品リスト

◇韓　丘　庸　編　在日朝鮮人文学の中の児童文学年譜

朝鮮をあつかった児童文学作品リスト

「オリニの会」編

作品名の下の☆印は、　☆…小学生低学年以上、
☆☆…小学生高学年以上、　☆☆☆…中学生以上向き

北風は芽を　☆☆

筒井敬介・作　市川禎男・絵

童心社
戦争児童文学傑作選4
一九七一年

太平洋戦争末期、北海道の炭鉱で強制労働をしいられる朝鮮人少年アンの物語。炭鉱から脱走したアンは正作一家にかくまわれる。故郷や家族と引き裂かれ異国で働かされた朝鮮人の苦しみや悲しみをえがく。一九五一年、泰光堂刊「小学生文芸読本六年生」に発表された短編。日本児童文学者協会編「北風は芽を」所収。

キューポラのある街　☆☆☆

早船ちよ・作　鈴木義治・絵

主人公のジュンは、下町で暮らす中学生。そんなジュンが、おばの出産に立ち会い、生まれる生命に感動したり、北朝鮮へ帰還するヨシエから労働のなかで学ぶことの大切さを教わったりして成長する。やがてジュンは働きながら夜間高校で学ぶことを決心する。そうした生き方に誇りをもって。初刊は一九六一年、彌生書房刊。

理論社
一九六三年
フォア文庫(上下)
一九八〇年

ユンボギの日記　☆☆

～あの空にも悲しみが～

李《イ》潤福《ユンボク》・作　塚本勲・訳　渡辺学・絵

病気の父、家出した母、貧しさにたえられず姿を消した妹、お腹をすかした幼い弟妹…。十歳にして貧困と家庭の不幸を背負いながら、けなげに生きるユンボギが、一九六三年六月から六四年一月まで書きつづった日記。当時の韓国の状況と彼の周囲の人びとの姿を、少年の清澄な目を通して描く。

太平出版社
一九六五年

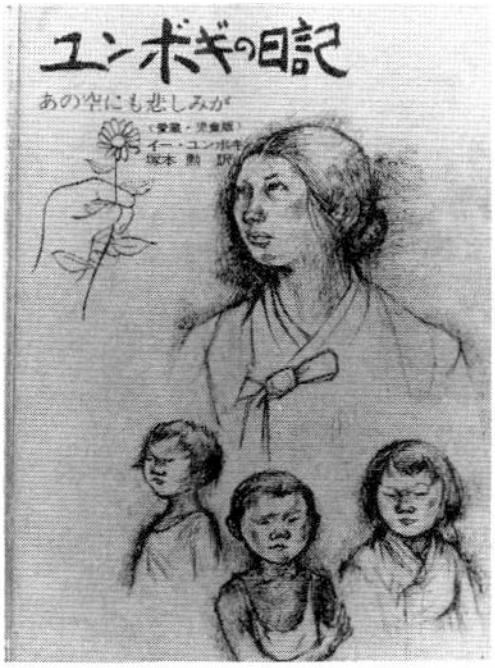

二つの国の物語　第一部　☆☆☆

～柳のわたとぶ国～

赤木由子・作　鈴木たくま・絵

理論社
一九六六年

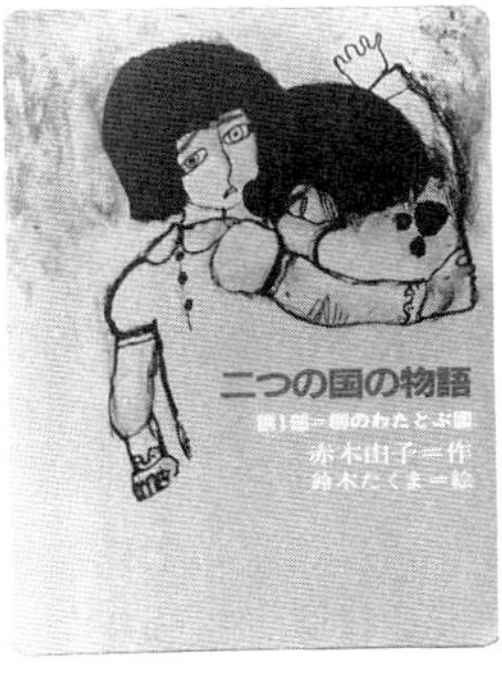

両親を失った六歳のヨリ子は北満に住む兄夫婦の養女となり、のびのびとたくましく育つ。やがて満州国独立守備隊・憲兵隊と、親友ホウランの兄ルーインが身を投じた抗日義勇軍とは、はげしく戦うようになり、ヨリ子は日本の侵略の姿をはげしい怒りと深い悲しみをもってとらえる少女となった。

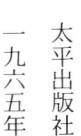

ヒョコタンの山羊　☆☆

長崎源之助・作　梶山俊夫・絵

理論社
一九六七年

ゲンちゃんたちのいる清水谷には、養豚場があり、学校の友だちは「くさい」と言ってからかう。わんぱく小僧はやり返すが、おとなしいヒョコタンは怒らない。そんなヒョコタンがキンサンにもらったヤギを守るために怒ったのだ。軍隊で不当な扱いをうけて脱走した朝鮮人、キンサンの無事を祈って。

ぼくらの夏　☆

関英雄、大石真、古田足日・編

「金貞基」（斎藤尚子作）は植民地下の日本人学校にかよう貞基が級友のやけど事件のぬれぎぬを着せられる話。「海鳴りをこえて」（遠藤豊志作）は新聞配達の金永晶と高松久雄の友情物語。「新潟港のある日」（杉みき子作）は朝鮮人級友にぬれぎぬを着せた心の痛みから帰還船を何度も見送りに来る女性の話。ほかに五編を収録。

小峰書店
現代日本の童話11
民族を結ぶ物語
一九七〇年
（絶版）

ズリ山　☆☆

若林勝・作　梶山俊夫・絵

北海道の赤平炭鉱のズリ山（ボタ山）がかたる炭鉱と町の歴史。一九一八年に誕生し、町のシンボルにまで成長したズリ山は、数多くの苦しみ、悲しみ、怒り、そして血を見てこざるをえなかった。強制連行された朝鮮人や中国人の手で成長するとき、ズリ山は「オレを大きくしないでくれ！」とわめきたてる。

牧書店
新少年少女教養文庫37
一九七〇年
（絶版）

海にひらく道　☆☆

世羅絹子・作　梶山俊夫・絵

太平出版社
母と子の読書室
一九七一年
（絶版）

筑後国の御原郡坂井郷で幼いながらもけんめいに一家をささえて生きる沢多の前に、新羅から来た少年海麻呂が現れる。二人は村を追われ、博多大津に向けて旅をする。何度も窮地に立たされるが、国のちがいをこえて二人は兄弟のように助け合って生きぬいていく。

むくげとモーゼル　☆☆☆

しかたしん・作　藤沢友一・絵

アリス社

一九七二年

一九三四年の夏、京城の竜山中学生、田崎秀男と島村万里雄は密林調査の旅に出る。迷いこんだ東満州の密林で二人が見たものは、祖国の独立を願いながら貧しくともひたむきに生きる朝鮮人農民や遊撃隊の中国人の姿だった。民族の真の姿にふれインターナショナリズムに目覚める少年を印象的に描いている。

「太一じぞう」所収

金さんといもあめ　☆☆

清水道尾・作　斎藤博之・絵

岩崎書店

一九七二年

表題作以外に「金さんといもあめ」を収録。少女と朝鮮のおばさんとの心の交流をえがいた中編。ヨシエはボロ集めの金さん母子に親切な母親をうとましく感じ、反抗的になる。敗戦の日、母は大腸カタルで急死。悲しみのどん底にあるヨシエたちへ金さんの心からのはげましといもあめの贈り物が届く。

「ひろしまのオデット」所収

トンボおじさんのうたった歌　☆☆

韓《ハン》丘庸《グヨン》・作　小林与志・絵

日本児童文学者協会編「ひろしまのオデット」の十編の作品の中の一編。日本帝国主義の植民地支配に苦しめられてきた朝鮮人の老人、トンボおじさんが祖国を解放され、やっと母国語をとりもどすことのできた喜びをうたった叙事詩。雑誌「日本児童文学」に一九六五年一月に発表される。

童心社
戦争児童文学傑作選5　一九七二年

消えた国旗　☆☆

斎藤尚子・作　久米宏一・絵

岩崎書店
一九七二年

植民地の朝鮮で成長した作者が、日本人がいかにすさまじく朝鮮民族を差別したかを、日本人としての反省をこめて描いた短編童話集。歴史と民族性を的確にとらえ、詩情豊かにファンタジーの手法もまじえて作品を組み立てている。表題作以外に「エイサの話」「朴九」「人ちがい」など六編がおさめられている。

赤毛のブン屋の仲間たち　☆☆

赤木由子・作　織茂恭子・絵

新日本出版社
一九七二年

こうじは五年生の髪の赤い男の子。英才塾をやめさせられたこうじは、それまでと違った生活の中で新しい仲間を知る。その一人が在日朝鮮人のナオトである。彼の生活や性格、父親の清掃業としての生き方を知り、さらにナオトの祖父の強制連行の事実を知っていく。彼の中に新しい仲間意識が成長していく。

むくげと9600《きゅーろく》　☆☆☆

しかたしん・作　藤沢友一・絵

「九助おやじ」と呼ばれる9600型の機関車を心から愛する機関助手見習いの佐野と友人の新井(朴)は、先輩たちの激しいしごきにも耐えていく。やがて十五年戦争の泥沼化とともに「九助おやじ」は満州に狩り出され、新井は反日武装闘争へ、佐野は機関助手として満州の地へとのみ込まれていく。

牧書店
新少年少女教養文庫58
一九七三年
(絶版)

海べの童話　☆☆

韓《ハン》丘《グ》庸《ヨン》・作　熊谷よしゆき・絵

リ・スンヒは鳥取のG市の朝鮮人部落にアボジ（お父さん）と二人で暮らす、利発な小学六年生。級友の差別と友情、京都の朝鮮中学への進学問題、午後・夜間学校のポギ姉さんの励ましなど、在日の子どもたちの課題と未来を情感豊かに力強く描く。二歳で別れたオモニ（お母さん）との再会も感動的である。

牧書店
新少年少女教養文庫63
一九七三年（絶版）

天にかえったジュリア　☆☆

山田野理夫・作　朝倉摂・絵

太平出版社
一九七三年

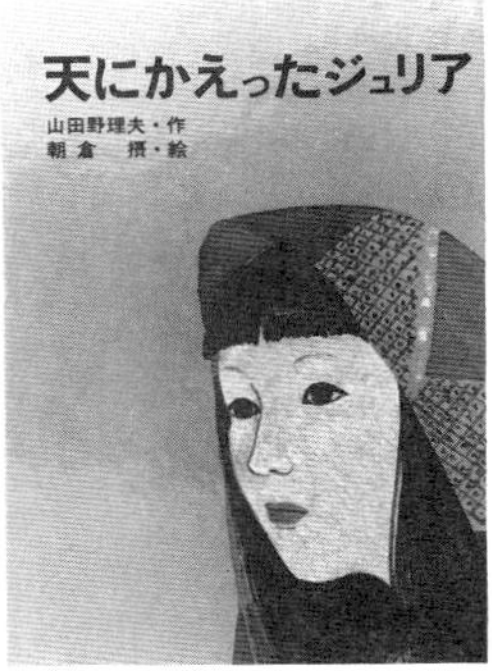

秀吉の朝鮮侵略の時、キリシタン大名小西行長は、朝鮮から戦災孤児「おたあ」を連れかえり、養女として育てる。成長し洗礼を受けたおたあは、家康の城中に招かれるが、その後のキリシタン弾圧によって島流しにあう。時の最高権力者の意志にも屈しない、実在した女性おたあのつよい生き方を描く。

ソウルの春にさよならを　☆☆

韓丘庸《ハングヨン》・作　洪永佑《ホンヨンウ》・絵

朝鮮青年社
一九八六年

李承晩独裁政権のもとで苦悩する韓国民衆の姿と、不正に対して勇気と信念をもって立ち上がる学生や市民の姿（四・一九学生革命）を描く。貧しいながらも聡明な美少女ヨンスギの通うソウル漢城女子中学校にも自治活動を封じこめる時代の嵐があれくるい、街頭デモに出た彼女はついに祖国の自由に殉じる。初刊は一九七六年、講談社刊。

多《た》毛《け》留《る》（絵本）　☆

米倉斉加年・作、絵

昔むかしの九州でのお話。嵐の夜のこと漁師の阿羅志は美しい娘をつれて奴津《なのつ》の浜へ帰りついた。娘は言葉をなにもしゃべらなかった。三年の後二人は多毛留のととさんとかかさんになった。多毛留が若者になったある嵐の夜、浜に流れついた二人の男を見て、かかさんは突然口をひらいた。ボローニャ国際児童図書展グラフィック大賞受賞作。

偕成社
一九七六年

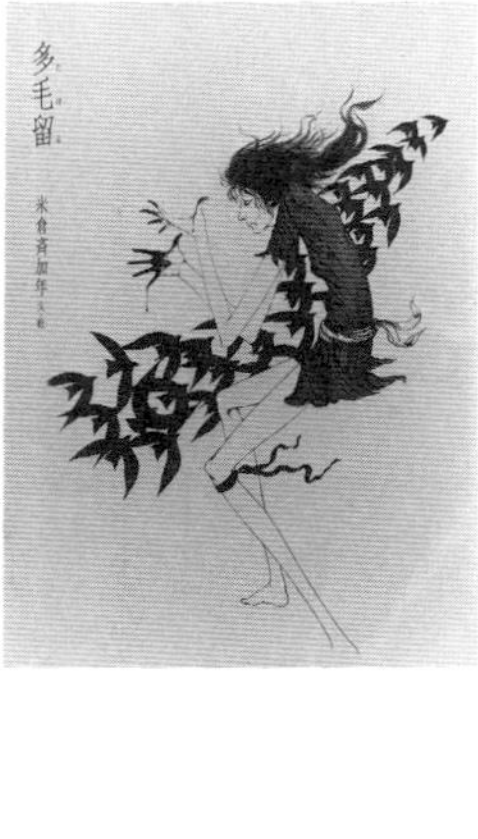

ハコちゃん　☆

今西祐行・作　箕田源二郎・絵

ある日、川の水を赤土や落葉で色をつけて遊んでいたハコちゃんは、それをレモン水やイチゴ水にみたてて飲んでしまう。二日後、ハコちゃんはチフスにかかって高い熱を出し、二度と帰らぬ人となってしまった。一人の少女の死を通して植民地時代に日本で暮らす朝鮮人の悲哀を描いた短編。

実業之日本社
少年少女小説傑作選
一九七六年

悲しみの砦　☆☆☆

和田登・作　武部本一郎・絵

岩崎書店
創作児童文学2
一九七七年
フォア文庫
一九八〇年

戦時中、長野県松代町の山の地下に、全長一三キロにおよぶ大地下壕が造られたが、その建設には土地を奪われた農民など多くの犠牲者が出た。なかでも最大の犠牲者は、朝鮮から強制連行され重労働をしいられた人びとであった。朝鮮人犠牲者の史実をたんねんに掘り起こしたノンフィクション。

二年2組はヒヨコのクラス　☆☆

山下夕美子・作　長新太・絵

理論社
一九七八年

英一の父は朝鮮人から帰化した日本人である。父が隠していたその事実を知った英一は動揺するが、見学に行った朝鮮人学校で民族文化のすばらしさにふれる。帰宅した彼は亡き母のチョゴリを前にうなだれる父を見て「アボジ」とよぶ。てれてたように笑った父のほほには涙がつたっていた。六編の話の中の『アボジが泣いた』という一編。

マンドギ物語　☆☆☆

金石範《キムソクポム》・作　呉《オー》日《イル》・絵

筑摩書房
一九七八年
（絶版）

済州島の豊かな自然と慈悲深い和尚さんに見守られながら成長していく孤児マンドギ。幸福に満ちた彼の生活も、全島を揺るがした四・三民衆抗争の中で長くは続かなかった。過酷な時代を背景に、人のために悲しむことのできる心を大切にしようとする、そんなマンドギの生き方を描いた秀作。

ＳＯＳ地底より　☆☆

伊東信・作　横山明・絵

良太は夕日が丘新興住宅に越してきた六年生。弟のリスの命をうばった黒猫をやっつける「ドラギャン作戦」は、失踪事件、麻薬アジトの発見、軍事用地下トンネルの発見へと意外な展開をする。そのトンネルの岩肌には「朝鮮人の血、涙、怒りをここに埋める」ときざまれていた。八〇年度全国中学校読書感想文コンクール課題図書。

ポプラ社
一九七九年

たつやとなぞの骨　☆☆

高橋昭・作　水沢研・絵

岩崎書店
創作児童文学10
一九七九年

たつやは推理小説と理科が大好きな六年生の男の子。カブトムシを捜しに来た堤で彼は一本の骨を見つけた。その骨は六十年前、朝鮮から強制連行され危険なずい道工事に従事させられて事故死した朝鮮人のものであった。一本の骨を通して、忘れ去られようとしている日本と朝鮮の関係を彼は知る。

二つの国の物語　第二部　☆☆☆

〜嵐ふきすさぶ国〜

赤木由子・作　鈴木たくま・絵

理論社

一九八〇年

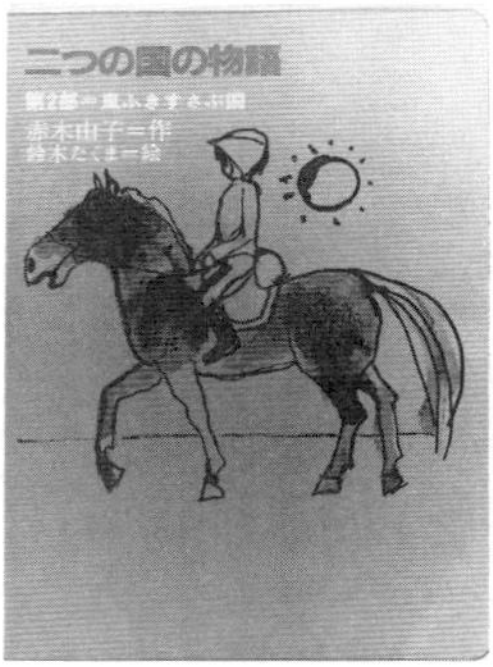

ヨリ子は兄と雇い人のロンニとともに姉のいるアンシャンの街に引っ越した。姉も釈放され、兄たちは葬儀屋を始め、ヨリ子は女学生となったが、学校生活も数かずの不条理に満ちていた。悲しみの向こうにある真実を求めて彼女は必死に生きていく…。第二部は愛する姉、愛子の死で終わる。

二つの国の物語　第三部　☆☆☆

〜青い目と青い海と〜

赤木由子・作　鈴木たくま・絵

理論社

一九八一年

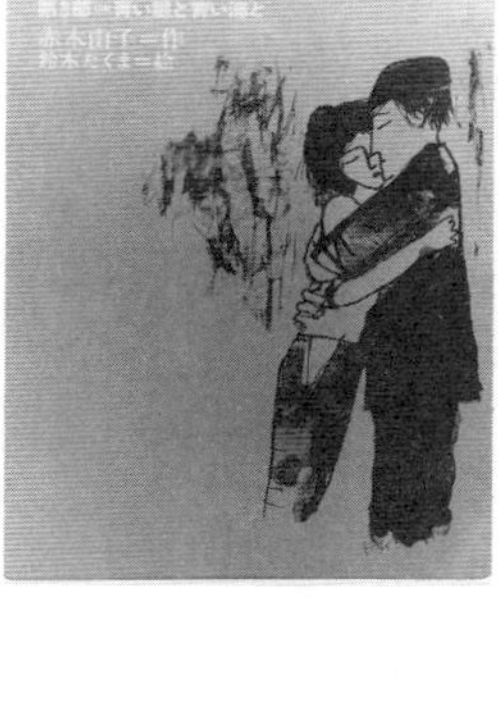

戦局は厳しくなり三郎にも召集令状が来る。厳しい自然の中をヨリ子たちは生き抜く。敗戦、不安なうわさが飛び交い、ソ連兵が押し寄せる。帰還した三郎、息子の一平と生死をさまよったあげく、日本への引き揚げが始まった。大陸で生き抜いたヨリ子の総決算とも言える激動の日々はつづく。

いえなかったありがとう（絵本）☆

徳永和子・作　吉田郁子・絵

みち子は福岡の祖母の家に疎開してきた。学校の帰り見知らぬ町に出かけ迷子になって泣き出してしまう。通りがかったおじさんはみち子に昼ごはんを食べさせたうえ近所まで送ってくれた。翌朝学校で「チョウセン」とはやされ、はとや通りで出会った時、おじさんに「ありがとう」が言えなかった。

葦書房
語りつぐ戦争4
一九八一年

ユングイの笛　☆☆

大坪かず子・作　北島新平・絵

岩崎書店
一九八二年

一九四三年、四年生になる洋子は、夏休みを利用して父さんの国・朝鮮を訪れる。ところが、朝鮮の土をふんだ洋子は重病にふしてしまった。そんな彼女を支えたのが少年ユングイの吹く、悲しさを秘めた優しい笛の音色だった。植民地下にあった朝鮮とそこで暮らす人びとの悲しさを描いた短編。信州児童文学会編『とうげの旗傑作選』の中の一編である。

お星さまのレール　☆☆

小林千登勢・作　小林与志・絵

金の星社
一九八二年
フォア文庫
一九八四年

一九四五年の日本の敗戦を境に、朝鮮で暮らしていたチコちゃん一家の引き揚げ体験を描いた物語。女優でもある小林千登勢の幼年時代の朝鮮での思い出と、引き揚げを通じてさらに深まる家族のきずなが少女の目を通して描かれている。新しいアジア観にふれられていないのが残念である。

はるかな鐘の音　☆☆

堀内純子・作　鈴木まもる・絵

みゆき、ふゆみ、かおりは入院中の身で同室の仲良しだ。そんな三人に、病室にやってきてはお話を聞かせてくれる薬局の小島先生。彼女がまだ朝鮮で暮らしていたころの四十年も前の話を…。植民地・朝鮮で加害者側として生きた悲しみを情感豊かに描いている。

講談社
一九八二年

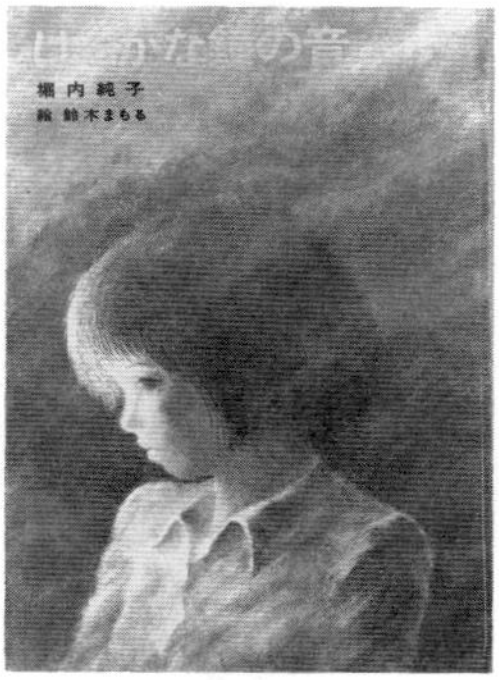

ウリハッキョのつむじ風　☆☆

元静美《ウオンジョンミ》・作　間瀬なおかた・絵

五年生の男の子を主人公に朝鮮初級学校（ウリハッキョ）の子どもたちの日常生活を日本で初めて描いた作品。日本の学校へ転校するガンホや家庭の問題であれるチャンギやかわいい転校生スンミとの友情、杉山小学校のサル軍団とのけんかと親善サッカー、ヨンスンの心はゆれながらもたくましく成長する。

ほるぷ出版
一九八二年

ジュリア・おたあ　☆☆

谷真介・作　ませなおかた・絵

女子パウロ会
一九八三年

秀吉の朝鮮侵略の時、小西行長が日本に送って養女とした朝鮮の孤児ジュリア。彼女はキリスト教に帰依したのち家康の侍女にまでなるが、改宗をせまる主の命にそむき神津島へ流される。伝聞が多く資料にとぼしいため美化されがちな殉教のジュリアの実像をさぐろうとするノンフィクション。

あしたは雨　☆☆

佐々木赫子・作　高田三郎・絵

偕成社
一九八三年

岡山の片田舎に疎開した克子は国民学校の三年生。父は戦死し、敗戦の二年後には母も祖母も他界する。兄と二人きりの克子は孤児院に入り、寮での大学生活もおえ、美術教師として瀬戸内の島に赴任。そこで偶然にも疎開先で唯一の友だちだった朴泰順と再会する。泰順は共和国へ帰還するという。

かむさはむにだ　☆☆

村中李衣・作　高田三郎・絵

人生の苦難をかるがるとまたぎこして、たくましく生きてきた「おばあさんたち」を主人公にした八編の短編集。表題作は入院した中学生の直子が同室の朝鮮のおばあさんから身の上話（身世打鈴《シンセターリョン》）を聞くという話。現代っ子の直子の素直な感性が二人のかけあいをさわやかなものにしている。

偕成社
一九八三年

キムの十字架　☆☆

和田登・作　岩淵慶造・絵

長年疑問に思っていた、長野県松代の大本営地下壕の落書きのなぞを、やっと畑中さんに教えてもらえることになった。畑中さんは、偶然同じ地下壕で働かされていながら、終戦になるまでそれを知らずにいた、キム兄弟の話を始める。やっと会える日がきたのに、弟のセファンはすでに……。

ほるぷ出版
一九八三年

アリランの青い鳥　☆☆

遠藤公男・作　柳柊二・絵

講談社
一九八四年

一九六三年、ソウルの鳥類学者ウォン・ピョンオー博士の放った足輪つきシベリアムクドリはピョンヤンにまいおりた。日本の山階鳥類研究所を介して、ウォン博士と北朝鮮に住むやはり鳥類学者の父親は、たがいの生存を知る。植民地と分断時代のウォン一家を描いて分断の悲劇に迫るノンフィクション。

いたどり谷にきえたふたり　☆☆

富盛菊枝・作　小林与志・絵

太平出版社
戦争があった日の話9
一九八五年

室蘭の製鉄工場の近くにいたどり谷という美しい谷間があった。一九四五年の五月、艦砲射撃によって室蘭の町は燃えた。戦死した兄を毎日、駅で待つマサコは、脱走した強制連行の金少年を兄だと思ってしまう。二人はいたどり谷へ逃げ込むが、二人の消息はその後だれにも分からなかった。

ソウルの青い空　☆

斎藤尚子・作　井口文秀・絵

日本が戦争にまけて、国民学校三年の道子たちは日本に引き揚げなければならなくなった。引き揚げ準備の不安な毎日がつづく。朝鮮人のお手伝いさん「君江さん」は最後まで一家につくしはげますが、道子たちは「君江さん」の本名も知らないのだった。

太平出版社
一九八五年

スウボンの笛　☆☆

大坪かず子・作　北島新平・絵

国民学校四年生の時、父の故郷、朝鮮を訪れた洋子は病気になり、スウボンという少年の吹く笛になぐさめられた。帰国のさい、スウボンは手づくりの笛をくれる。洋子の住む松本では、強制連行された七千人の朝鮮人が地下工事に従事させられていた。敗戦後、洋子は解放された朝鮮人労働者の中にいたスウボンと奇跡的に再会する。

ほるぷ出版
一九八五年

ソウルは快晴　☆☆

堀内純子・作　岩崎淑子・絵

けやき書房
一九八五年

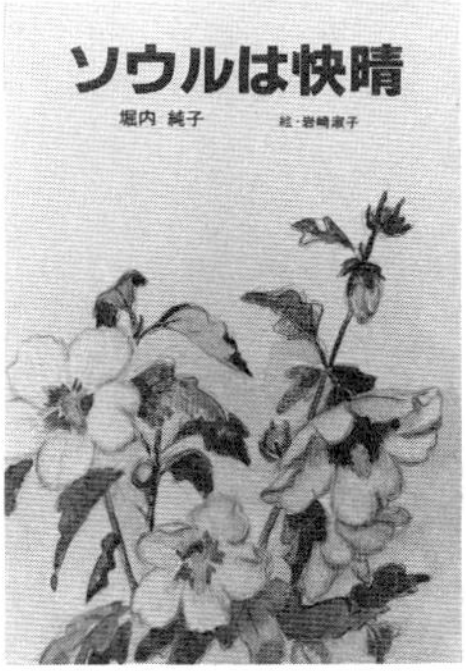

京城生まれの作者が、三十九年ぶりに「故郷」のソウルを訪ねる。到着の日ソウルは快晴。かつての思い出の場所を訪ね当時の生活を思いおこすと、なつかしさは隠しきれないが、かつて侵略者の立場であったことを思えば、複雑な心境にならざるをえなかった。

灰色の雨の兵隊　☆☆

韓丘庸《ハングヨン》・作　やすたけまり・絵

素人社

一九八六年

中編童話を中心に自選した童話集で九編を収録。商売の関係で朝鮮人であることをやむなくかくす「雪の日のいざない」、《かつぎ屋》の同胞のおばさんに反発しながらも最後は心の安らぎを感じる「家路」、ソウルの貧民窟で急死する幼い妹を描いた「灰色の雨の兵隊」などがある。

転校生とぼくの秘密　☆

野矢一郎・作　丸木俊・絵

小峰書店

一九八六年

四年生の弘のクラスに「わたしは朝鮮人です」と胸をはって自己紹介する女の子、グ・ヨンヒが転校してきた。朝鮮人であることをひたかくしにしてきた弘は動揺したが、創氏改名に応じなかった祖父の生き方や、被爆二世のヨンヒの再入院に触発され、ついに本名を名のる。「ぼくは韓国人です」という題名で韓国でも出版された。

国境　第一部　☆☆☆

〜一九三九年　大陸を駆ける〜

しかたしん・作　間崎守・絵

親友信彦の失踪の謎を追って満州に来た京城帝大予科生の昭夫は、中国大陸を侵略する日本の正体を知る。昭夫を追う秘密警察の不気味な手、植民地にうごめく日本人、モンゴル独立のために戦う美少女——広大な大陸を駆け巡る昭夫の冒険は、戦争とは、民族とは、友情とは…を問い直す旅でもある。

理論社
一九八六年

因の木と少女たちの四〇年　☆☆

菊地澄子・作　津田櫓冬・絵

汐文社
原爆児童文学集25
一九八六年

学童疎開をきっかけに生涯の友情をむすぶ、田舎の医者の娘太田文江と森エミ（朴英恵）の物語。戦争と原爆に徹底的にもてあそばれながらも粘りづよく生きる人間の姿を地味な作風ながら手がたく描いている。エミのお手玉の中の一粒の因《ちなみ》の実は医院の庭におち、四十年ののち大木になった。

サリコ（同人雑誌）☆☆

韓《ハン》丘《グ》庸《ヨン》・編集責任

サリコ児童文学会

一九八六年〜

在日児童文学作家、児童詩人の手になる季刊同人雑誌で「サリコ」は萩の花のこと。活字が大きくカットも充実していて、子どもたちにもすすめられる。風化しつつある民族性を強く訴え、在日児童文学者たちの作品発表の舞台にという編集意図も貴重で、今後の発展が期待される。

国境 第二部 ☆☆☆

〜一九四三年 切りさかれた大陸〜

しかたしん・作 間崎守・絵

一九四三年、京城帝大生の昭夫は、仁川にある兵器工場で学徒報国隊員として働くことになった。朝鮮人熟練工たちのなぞの逃亡事件。背後には祖国光復会の命がけの活動があった。民族の叫びにじかにふれることによって戦争という狂気の側ではなく、人間の側にたつことを昭夫はついに決意する。

理論社

一九八七年

ユンボギの詩《うた》　☆☆

〜あの空にこの便りを〜

李潤福《イユンボク》・作　韓丘庸《ハングヨン》・訳　やすたけまり・絵

「世のお父さん、お母さんがた、子供たちを捨てないでください」――韓国、日本でベストセラーとなった『ユンボギの日記』の続編。日記の出版で生活はいくらか楽になったとはいえ、一家の悲しみはなくならなかった。一九六四年十二月から、中学生になった六六年十二月までを書きつづる。

海風社
一九八三年

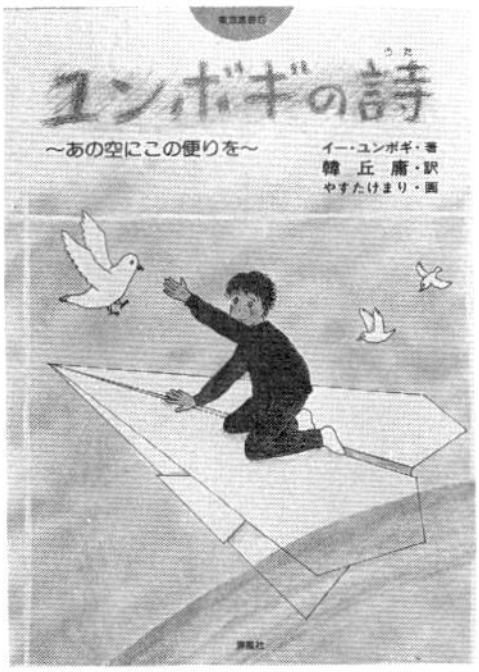

夜中に見た靴―韓国短編童話集―　☆☆

崔仁鶴《チェイナク》ほか・作　韓丘庸《ハングヨン》・訳
西村吉彦・絵

エスエル出版会
一九八八年

日本初の韓国短編童話翻訳集。母親のところに出入りする米兵の靴を、学校の絵の時間に描いたチョルホの話「夜中に見た靴」、強制連行で片足を失った父親とベトナム戦争で片足を失った息子の話「星」、孤児姉妹が外国に養女に行く「空とぶコスモス」など、現実参与の社会派童話七編を収録。

マリアの夏・ソウル　☆☆

和田はつ子・作　安藤由紀・絵

偕成社
一九八八年

マリア（万里亜）は日本人を父に、朝鮮人を母にもつ十一歳の女の子。両親はともに医者で母方の祖母は富裕な土地成金である。成績もよく、スポーツ万能で美人の彼女に対する友だちのねたみから起きた差別事件は、彼女に民族について考える大きなきっかけを与えた。

セクトン
―日本語で書かれている朝鮮児童図書目録―

セクトン会・編

朝鮮のことを一人でも多くの子どもたちに知ってもらおうと、京都の在日女性たちの会「セクトン会」が編集。絵本編、物語編、民話編とあり、そのなかにハングルの話、強制連行の話、分断の話、食べものの話など、小学校高学年にも理解できるように工夫されている。紹介作品は約五十編。

セクトン会刊
一九八三年

朝鮮を理解する児童文学一〇〇冊の本

韓《ハン》丘《グ》庸《ヨン》・編著

短編・長編の創作童話、民話、絵本、日記、ノンフィクション、翻訳と児童文学のあらゆる分野にわたって作品を収集し、各作品に二ページ分の解説がついている。朝鮮をあつかった児童文学作品の手引書としては画期的である。

エスエル出版会
一九八八年

在日朝鮮人文学の中の児童文学年譜

韓丘庸 編

凡例

一、作品の上欄の年代は、作品発表年を表す。

二、ジャンル別〈——〉は左記の通りの略称で記述してある。

例　〈民〉「虎の恩がえし」康玲姫・李耕雨（画）（統一評論・9）

〈長〉……長編又は小説、〈童〉……童話、〈民〉……民話および再話、〈創〉……創作（主に短編）、〈エ〉……随筆・エッセイ、〈評〉……評論、〈翻〉……翻訳、〈ノン〉……ノンフィクション・日記・手記、〈絵〉……絵本、〈詩〉……児童詩、〈シ〉……シナリオ

三、単行本の場合、作者名および書名はゴチック体で区別した。

例　**金恵京『とらとふえふき』**〈絵〉（福武書店刊・5）

四、掲載誌および発行所の下欄の数字は、発行月を表す。

例　〈童〉「あじさいの下」尹正淑（新しい世代・6）

五、作品の下に（朝文）とあるのは、朝鮮語による創作を意味する。

例　〈童謡〉「かわいい我が子」（朝文）李錦玉……

六、漢字で作者名の確認できないものは、一応音訳にて表記した。

1951（昭26）	＜ノン＞『在日朝鮮人児童作品集』（朝文）（第一集）（在日朝鮮人教育者連盟刊・4）
1952（昭27）	
1953（昭28）	＜ノン＞『在日朝鮮人児童作品集』（第二集）―教育闘争記＜われわれは学校をどう守り、闘ってきたか＞―（在日朝鮮人教育社連盟刊・3）
1954（昭29）	
1955（昭30）	＜童＞「椿の花の咲くころ」韓丘庸（歌垣郷友No.18・1） ＜創＞「影池哀史」韓丘庸（金剛No.1・8） ＜創＞「アミーバーは泣き叫ぶ」韓丘庸（歌垣郷友No.19・12）
1956（昭31）	＜翻＞『城北だより』（朝鮮童話集）張赫宙・訳 ※金南天「明るい朝」、安懐南「まぼろしの母」、李泰俊「城北だより」三編収録。（世界少年少女文学全集㊸東洋編・創元社・7） ＜創＞「モㇰポ・エ・ヌンムル（紅灯）」韓丘庸（歌垣郷友No.20・12）
1957（昭32）	＜翻＞「石」韓戊淑・作、韓丘庸・訳（翻訳文芸No.5・4） ＜創＞「黄昏の女に」韓丘庸（作品No.8） ＜創＞「夜汽車」韓丘庸（作品No.9）
1958（昭33）	**安本末子**（**安小任**）『**にあんちゃん**』＜ノン＞（光文社刊・11）
1959（昭34）	＜翻＞「師団長と兵士」朴雄傑・作、朴南根・訳（新日本文学・6）
	＜創＞「波の円舞曲」韓丘庸（故郷Vol1・10）

1960（昭35）
〈ノン〉『8・15朝鮮解放十五周年記念学生作品集』（朝鮮総聯教育文化部刊・10）

1961（昭36）
〈詩〉「灯」「故郷」韓丘庸（統一評論・9）
〈創〉「廃品の記」辛栄浩（故郷Vol 2・11）
〈創〉「林鐘」韓丘庸（故郷Vol 2・11）

1962（昭37）
〈エ〉「青い空」（朝文）韓丘庸（朝鮮新報3／8）
〈童〉「わらの中の季節」韓丘庸（新しい人No.4～7・5・6・7）
〈散文詩〉「二十世紀のものがたり」韓丘庸（燈台No.2・6）
〈翻〉「毛布」（創）崔曙海・作、韓丘庸・訳（日本児童文学・9）
〈童〉「暮色の童話」（朝文）韓丘庸（文学芸術No.4・10）

1963（昭38）
〈民〉「花嫁どろぼう」尹紫遠（統一評論・1）
〈エ〉「十二月の廃墟」韓丘庸（統一評論・1）
〈民〉「四人の大男」尹紫遠（統一評論・3）

〈詩〉「あなたは夜汽車」韓丘庸（統一評論・3）
〈民〉「白鷺の話」尹紫遠（統一評論・5）
〈創〉「白羊神の道」韓丘庸（群星No.6・6）
〈翻〉「あるじを待つ家」（詩）金哲・作、李錦玉・訳（詩人会議Vol①・7）
〈翻〉「祖国」（詩）金草民・作、許南麒・訳（詩人会議Vol①・7）
〈翻〉「花」（詩）金常阼・作、蘇福姫・訳（詩人会議Vol①・7）
〈民〉「南山のむかで」尹紫遠（統一評論・7）
〈エ〉「南朝鮮の児童詩から」韓丘庸（つのぶえNo.33・8）
〈詩〉「遠い国でないことを」韓丘庸（統一評論・9）
金素雲『ネギをうえた人』〈民〉（岩波少年文庫⑰・岩波書店刊・9）
〈創〉「歯車の音」辛栄浩（文芸創造・創刊号・9）
〈シ〉「その日来たれば」（朝文）韓丘庸（文芸創造創刊号・9）
〈翻〉「七月のこどもたち」（小説）崔仁勲・作、韓丘庸・訳（つのぶえNo.34・10）
〈詩〉「銀杏の詩」韓丘庸（燈台No.3・12）

1964（昭39）

＜童＞「夕やけ雲」韓丘庸（つのぶえNo.35・1）
＜評＞「最近の朝鮮児童文学の展望」韓丘庸（つのぶえNo.36・2）
＜評＞「最近の朝鮮児童文学」韓丘庸（日本児童文学・4）
＜評＞「現代朝鮮文学のおぼえ書き」韓丘庸（文芸タイムス5／1・5／20・6／1・6／20・7／20）
＜童＞「青い空に」韓丘庸（つのぶえNo.38・6）
＜詩＞「五月の雨のうたを」（朝文）韓丘庸（燈台No.5・6）
＜翻＞「ごぼごぼるるるかめの酒」（童話）李園友・作、韓丘庸・訳（「少年少女世界ユーモア全集⑥東洋編」に収録・ポプラ社刊・9）
＜童＞「十月のある夜」（朝文）韓丘庸（文学芸術No.11・12）
＜童謡＞「ポプラの葉も夢みます」（朝文）韓丘庸（燈台No.6・11）
＜童謡＞「空にのぼるよ」（朝文）韓丘庸（燈台No.7・12）
＜童＞「枯木に花は咲きませぬ」韓丘庸（燈台No.7・12）
＜詩＞「全てを祖国に」辛栄浩（燈台No.7・12）

1965（昭40）

金素雲『ろばの耳の王さま』＜絵＞（幼年どうわ文庫・講談社刊・6）
＜評＞「祖国解放戦争と朝鮮児童文学」韓丘庸（日本児童文学・8）
＜翻＞「北極星のきらめく夜」（短編）柳碧・作、韓丘庸・訳（つのぶえNo.43、No.46・9）
＜童＞「青いヨンソニの雨傘」韓丘庸（つのぶえNo.47・12）

1966（昭41）

＜翻＞「南朝鮮の児童文学」（評論）李元寿・作、韓丘庸・訳（日本児童文学・3）
韓丘庸・編『遠い国でないことを』＜ノン＞（「京都朝鮮中・高級学校学生作文集」・汐文社・5）
＜創＞「灰色の雨の兵隊」韓丘庸（つのぶえNo.50・5）
＜童＞「ひっそりとした小径の春」（朝文）韓丘庸（文学芸術No.20・7）
＜エ＞「砕かれた神話」韓丘庸（「世に出るきみたちのために」に収録・汐文社刊）
＜翻＞「新しい担任の先生」（短編）姜孝淳・作、韓丘庸・訳（「世界の新しい作品、アジア編特集」

・日本児童文学・9）

鄭賢秀『沈清《シムチョン》のはなし』（朝文）〈絵〉（学友書房刊・12）

〈エ〉「道ばたに立つ春」韓丘庸（つのぶえNo.52・12）

1967（昭42）

〈翻〉「ソウルの空に翔ける」（短編）呉善鶴・作、韓丘庸・訳（つのぶえNo.54・2）

〈創〉「つつじ」李淳木（民主文学・2）

〈作文集〉『朝鮮の子ら』―在日朝鮮学生作文集―「民族教育」編集部（在日本朝鮮人教職員同盟刊・5）

〈翻〉「五月の太陽」（短編）玄在徳・作、韓丘庸・訳（つのぶえNo.57・8）

〈長〉「海べの童話」（連載Ⅰ～Ⅳ）韓丘庸（つのぶえNo.58―No.71・10―12）

〈童〉「黄いろい旗」韓丘庸（赤とんぼ創刊号・10）

〈翻〉「おこったポプラの木」（童話）林昌鐘・作、崔蓮・訳（赤とんぼ創刊号・10）

〈創〉「はばたき（羽撃）」辛栄浩（「烙烽」京都創作集・5）

〈創〉「いつの日か戦車にくだかれた天使よ」韓丘庸（赤とんぼNo.2・1）

1968（昭43）

〈エ〉「子どもにほんとうのことを」崔蓮（赤とんぼNo.2・1）

〈民〉「おおおとこ（大男）」趙成吾（赤とんぼNo.2・1）

〈エ〉「『地方で文学を樹立した則武三雄さん（直井信）』から」韓丘庸（つのぶえNo.60・2）

〈長〉「ソウル葬送曲」連載第一回、韓丘庸（赤とんぼNo.3・7）

〈エ〉「未来にたたかえる児童を―早船ちよとの出合いから」韓丘庸（つのぶえNo.63・8）

〈翻〉「韓国の児童文学」〈評〉韓丘庸・訳編（日本児童文学・11）

※「児童文学の教育的意義」（尹石重）、「児童文学の文学的意義」（林仁洙）、「児童文学を見つめる心」（金英一）、「児童文学の新しい方向」（李鐘琦）、「説話文学の文学的意義」（鄭鳳和）、「韓国児童文学の現況」（李元寿）。

〈童謡〉「お兄さん、お母さん」（朝文）金詩連（文学芸術No.27・12）

元度洪『セドリと魔法のツルハシ』（翻訳）南宮輝・訳（新日本子どもの文学3・新日本出版社刊・12）

1969（昭44）

〈長〉「ソウル葬送曲」連載第二回、韓丘庸（赤とんぼNo.4・4）

〈エ〉「なぜ朝鮮人を追放しようとする」韓丘庸（つのぶえNo.68・6）

〈論〉「在日朝鮮人の犯罪にみる差別に抗して」韓丘庸（つのぶえNo.69・7）

韓丘庸・共著『現代日本の社会問題』支配と差別の社会問題―第二章「朝鮮問題」〈評〉（汐文社刊・7）

〈創〉「運動会の日に」（朝文）辛栄浩（文学芸術No.31・10）

〈エ〉「群星がとても美しい」（朝文）韓丘庸（文学芸術No.31・10）

1970（昭45）

〈評論〉「『ビルマの竪琴』に反論して」韓丘庸（日本児童文学・1）

金素雲『トルコ・蒙古・朝鮮の民話』〈民〉（世界民話の旅⑥・さえら書房刊・3）

〈評〉「ある小さな叱責の中の児童文学」韓丘庸（日本児童文学・5）

〈エ〉「童話作家S氏の書簡に答えて―朝鮮人を知るということ」韓丘庸（つのぶえNo.74・6）

〈翻〉「児童文学における韓日関係の一考察（上）」趙豊衍・作、韓丘庸・訳（つのぶえNo.75・8）

〈創〉「ある日の群像」韓丘庸（赤とんぼNo.5・8）

1971（昭46）

〈評〉「戦争児童文学の今日的意義について」韓丘庸（つのぶえNo.78・2）

呉林俊『朝鮮人の中の日本』〈評〉（三省堂新書⑧・三省堂刊・3）

〈翻〉「児童文学における韓日関係の一考察（下）」趙豊衍・作、韓丘庸・訳（つのぶえNo.79・4）

〈評〉「日本海時代への提言」韓丘庸（つのぶえNo.80・6）

〈ノン〉「風の中の人形師」韓丘庸（やんちゃNo.6・7）

〈エ〉「ものいわぬ京都人」韓丘庸（月刊「京都」・8）

〈評〉「朝鮮児童文学の歴史と現状」韓丘庸（日本児童文学・8）

〈評〉「朝鮮児童文学のいくつかのおぼえ書き」韓丘庸（つのぶえNo.81・8）

〈評〉「日本海の児童文学」韓丘庸（新潟日報8／7・8／8・8／9）

＜詩＞「アンニョンハシムニカ」「ぼくたちの学校」「海」（朝文）金学烈（文学芸術No.38・9）

＜詩＞「とびら」（朝文）崔雪美（文学芸術No.38・9）

1972（昭47）

＜詩＞「代を継いで花咲かせるために」（朝文）金光淑（文学芸術No.40・2）

＜詩＞「ポクトンイ」（朝文）許玉汝（文学芸術No.40・2）

＜童＞「分断をなくし統一へ」（朝文）金斗権（文学芸術No.40・2）

＜評＞「早船ちよの児童文学―『キューポラのある街』を中心に―」韓丘庸（つのぶえNo.86・4）

＜評＞「『脱児童文学』的試案について―『続・日本海に生きる人びと』の作業から―」韓丘庸（つのぶえNo.86・4）

＜詩＞「パンチョッパリのうた」辛鐘生（詩人会議・5）

金素雲『朝鮮童謡選』（第七刷）（岩波書店刊・6）

＜詩＞「トンボおじさんの歌」韓丘庸（戦争児童文学選⑤「ひろしまのオデット」に収録・童心社刊・6）

＜詩＞「エチュード」「朝鮮小史」辛鐘生（詩人会議・6）

＜ノン＞「異境の中のたたかい四十年」韓丘庸（つのぶえNo.88・10）

1973（昭48）

＜ノン＞「異境の水平運動・朝野温知さん」韓丘庸（部落問題研究所編「水平運動の無名戦士」に収録・1）

＜評＞「朝鮮児童文学のいくつかのおぼえ書き」韓丘庸（日本児童文学・4）

＜長編＞「ソウル葬送曲」I～IV連載・韓丘庸（つのぶえNo.90、91、92・4～8）

＜創＞「チョゴリ」（朝文）尹正淑（朝鮮新報・5）

＜評＞「現代南朝鮮文学の現状について」（上・下）韓丘庸（文芸タイムスNo.93、No.94・7／7、8／1）

韓丘庸『海べの童話』＜長＞（新少年少女教養文庫63・牧書店刊・8）

＜詩＞「五角星の共和国旗」（朝文）尹正淑（朝鮮少年・9）

＜エ＞「自作を語る・『ある日の群像』にみる」韓丘庸（日本児童文学・3）

1974（昭49）

＜創＞「ゆうがらす（夕鴉）」韓丘庸（やんちゃNo.10・8）

金容海『本名は民族の誇り』＜エ＞（おおぞら書房・9）

高史明『生きることの意味―ある少年のおいたち』＜長＞（ちくま少年社会の本・筑摩書房刊・12）

金両基・呉炳学（画）**『トケビにかったバウィ』**＜絵＞（＜こどものとも・朝鮮民話＞福音館書店刊・12）

1975（昭50）

＜童謡＞「お姉さんと弟」（朝文）尹正淑（朝鮮新報・3）

＜詩＞「その歩みの中に」尹正淑（新しい世代・4）

＜評＞「ミニ作品論『生きることの意味』」韓丘庸（日本児童文学・6）

＜評＞「南朝鮮の児童文学≪現実参与型がふえつつある≫」韓丘庸（日本児童文学・7）

安本末子（安小任）『増補版・にあんちゃん』＜ノン＞（光文社刊・7）

＜童謡＞「かわいいわが子」（朝文）李錦玉（文学芸術No.57・10）

＜児童劇＞「角のでたたぬき」（朝文）李英順（文学芸術No.57・10）

＜創＞「菜の花」（朝文）尹正淑（文学芸術No.57・10）

＜詩＞「≪模範分会≫になりました！」（朝文）金錦汝（文学芸術No.58・12）

1976（昭51）

＜童謡＞「スクールバス乗るの」（朝文）金光淑（文学芸術No.59・2）

＜エ＞「児童文学をめざして」（朝文）尹正淑（文学芸術No.59・2）

韓丘庸『ソウルの春にさよならを』＜長＞（講談社刊・4）

＜創＞「ゆうがらす（夕鴉）」韓丘庸（先生のとっておきの話⑥京都編「あじさい学級の歌」に収録・ポプラ社刊・5）

＜詩＞「高麗大学校の校門に立ったおまえ」（朝文）尹正淑（新しい芽・6）

＜詩＞「くさりをはずせ！」（朝文）尹正淑（朝鮮新報・7）

＜翻＞「試練の中で」尹世重・作、李丞玉・訳（統一評論・7）

＜民＞「欲ばり長者と金の石」禹鶴（文・画）（統一評論・8）

＜民＞「虎の恩がえし」康玲姫・李耕雨（画）（統一

1977（昭52）	
＜民＞「となりの柿」康玲姫・金漢文（画）（統一評論・1） ＜民＞「キジの恩がえし」康玲姫・姜尚仁（画）（統一評論・2）	評論・9） ＜詩＞「イモちゃん」尹正淑（とんふぁVol 1・10） ＜童＞「柿の木」尹正淑（とんふぁVol 1・10） ＜童＞「セウとトッキ」李京子（とんふぁVol 1・10） ＜民＞「ネギをうえた人」康玲姫・禹鶴（画）（統一評論・10） ＜詩＞「野菊」（朝文）尹正淑（朝鮮新報・11） ＜詩＞「チョゴリが好き」「ウリクルチャ」睦春子（とんふぁVol 2・11） ＜民＞「トラとウサギ」康玲姫・蔡浚（画）（統一評論・11） **岡真史『ぼくは十二歳』**＜ノン＞（筑摩書房・11） ＜詩＞「オモニ号、パンパン」（朝文）崔永進、「今日から少年団員」（朝文）李錦玉、「わたしの道づれ＜分局号＞」「ウリハッキョに行きます」（朝文）李愛好（文学芸術№62・12） ＜エ＞「海の夢想」李錦玉（統一評論・12）

	＜民＞「きび餅」康玲姫・禹鶴（画）（統一評論・3） ＜童＞「たのしかったおはなし」「とびうお」高甲淳（とんふぁVol 3・2） ＜詩＞「トゥルマギ」尹正淑、「オモニ」「アンニョンハセヨ」睦春子（とんふぁVol 3・4） ＜民＞「びょうぶの中のトラ」康玲姫・全哲（画）（統一評論・4） ＜民＞「トルセとりこうなウサギ」康玲姫・姜尚仁（画）（統一評論・5） ＜エ＞「子どもの読物について」尹正淑（統一評論・6） ＜民＞「三つの願い」康玲姫・禹鶴（画）（統一評論・6） ＜創＞「スーちゃんが帰った①」孫仁一（とんふぁVol 4・7） ＜詩＞「ソンヒ」尹正淑、「ムグンファ」睦春子（とんふぁVol 4・7） ＜民＞「山人蔘とりにいった男」康玲姫・林春孝（画）（統一評論・7） ＜童＞「コムシンのお話」尹正淑（とんふぁVol 5・8） ＜民＞「心のやさしいキコリ」康玲姫・金漢文（画）（統一評論・8）

＜民＞「リンリンおばけ」康玲姫・崔洋（画）（統一評論・9）
＜詩＞「赤いとうがらし」「夏のゆめ」睦春子（とんふぁVol 6・9）
＜創＞「スーちゃんが帰った②」孫仁一（とんふぁVol 6・9）
＜詩＞「息子を送り出して」（朝文）尹正淑（新しい芽・9）
＜童＞「クレヨンのなかまたち」「コムニのしごと」高甲淳（とんふぁVol 7・10）
＜詩＞「春だより」「コムシン」高甲淳（とんふぁVol 7・10）
＜民＞「サルの裁判」康玲姫・全哲（画）（統一評論・10）
＜詩＞「ハルモニのお話」睦春子（とんふぁVol 8・11）
＜創＞「スーちゃんが帰った③」孫仁一（とんふぁVol 9・12）

1978（昭53）

＜童＞「ハラボジの柿の木」尹正淑（朝鮮時報・1）
＜童＞「国へ帰る」尹正淑（朝鮮時報・2）
＜詩＞「ノルティギ」睦春子（とんふぁVol 11・2）
＜詩＞「レンゲソウ」睦春子（とんふぁVol 12・3）
＜創＞「スーちゃんが帰った④」孫仁一（とんふぁVol 13・5）
＜詩＞「ハラボジ」「コムシン」睦春子（とんふぁVol 13・5）
鄭琡香（画）**『ヘンニムとタルニム』**＜民＞（鶏林館書店刊・6）
許南麒・洪永佑（画）**『蝶とおんどり』**（朝文）（朝鮮青年児童文庫①・朝鮮青年社刊・7）
金石範『マンドギ物語』＜長＞（ちくま文学館・筑摩書房刊・7）
＜翻＞「児童文学の創作過程」＜評＞李進化・作、韓丘庸・訳（花郎No.1・8）
＜童＞「てぶくろ」金節子（花郎No.1・8）
＜詩＞「ヒメジョオンの季節」韓玲美（花郎No.1・8）
＜翻＞「花ぐつ」姜小泉・作、辛時声・訳（花郎No.1・8）
崔永進『紙船』（朝文）＜児童詩＞（文芸同兵庫支部刊・8）
安本末子『にあんちゃん—十才の少女の日記—』＜ノン＞（付・入院日記）（講談社刊・8）
＜翻＞「うさぎ伝」林秋燁・編、禹鶴（画）（統一評論・8〜12）

＜童＞「お弁当」尹正淑（とんふぁVol 14・8）
＜童＞「蛙のふるさと」高甲淳（とんふぁVol 14・8）
＜童＞「とらじのうた」睦春子（とんふぁVol 14・8）
朴ミリ『パパをかえして』＜ノン＞（風媒社刊・9）
＜創＞「家路」韓丘庸（やんちゃNo.17・11）
＜創＞「順伊《スニ》」金碩喆（統一評論・11、12）
許南麒・編『むかしむかし、あったとさ—朝鮮民話集①』（朝文）（朝鮮青年児童文庫②・朝鮮青年社刊 12）
＜詩＞「キムチをつけるハルモニ」睦春子（とんふぁVol 15・12）
＜創＞「スーちゃんが帰った⑤」孫仁一（とんふぁVol 15・12）

1979（昭54）

＜童＞「いちじく」尹正淑（朝鮮時報・2）
宋今璇『お日さまとお月さま』韓国童話選＜民話＞（新教出版社刊・2）
＜評＞「同化と民族意識」金京慧、同「日本学校の同胞子弟と民族意識」朴尚得（統一評論・5）
＜創＞「白いれんげそう」睦春子（とんふぁVol 17・5）
＜創＞「アコーディオンよ響け」李仁鉄（朝鮮時報・6／1号）
許集・禹鶴（画）『朝鮮むかしばなし』＜民＞（朝鮮青年社・7）
＜創＞「すてきなアジュカリ野郎」韓丘庸（新しい世代・7〜8）
韓丘庸『ソウルの春にさよならを』（点字本、五分冊）（日本ライトハウス点字出版所刊・7）
裵風・朴民宜（画）『つくりなおしたかにさんの家』（朝文）＜童＞（朝鮮青年児童文庫③・朝鮮青年社刊・7）
＜童＞「オンマ」金節子（やんちゃNo.19・8）
＜評＞「児童文学とのかかわりの中で」韓丘庸、同「児童文学と私」尹正淑（統一評論・8）
＜ルポ＞「未来に羽ばたく子ら」林秋樺（統一評論・8）
＜翻＞「この世でいちばん強いもの」金度彬作、編集部・訳（統一評論・8）
＜創＞「ふるさとに咲く花」、＜詩＞「オモニとよんだ日」睦春子（とんふぁ第一回作品集・9）
＜童＞「北国のライオン」孫仁一（とんふぁ第一回作品集・9）
＜翻＞「星」李元寿・作、韓丘庸・訳（統一評論・9）
姜舜『金剛山のトラたいじ』呉炳学（画）（サラムむかし話選・ほるぷ出版刊・11）

〈童〉「ハルモニのキセル」尹正淑（朝鮮時報・11）
〈エ〉「民話のこと」禹鶴（統一評論・12）
〈童〉「もしもし！」（朝文）崔永進（文学芸術No.69・12）

1980（昭55）

〈童〉「かえるのがっしょう」金節子（やんちゃNo.20・1）
〈エ〉「二月の魔女に」韓丘庸（統一評論・3）
〈エ〉「ランドセルを背おう子のために」柳桂仙（統一評論・4）
〈童〉「オモニになったお母さん」金節子（やんちゃNo.21・1）
金龍煥（画）**『韓国の民話』**〈民話絵本〉ブックセンター・オブ・ジャパン刊・4）
〈民〉「地獄の扉をたたいた虎」尹正淑（とんふぁVol18・5）
〈民〉「トラの裁判」孫仁一（とんふぁVol18・5）
朴民宜（画）**『二人の将軍のはなし』**（朝文）朝鮮童話集3（朝鮮青年児童文庫④・朝鮮青年社刊・6）
〈民〉「大男の岩」尹正淑（とんふぁVol19・8）
〈民〉「壮士岩」孫仁一（とんふぁVol19・8）
〈エ〉「もう一度ソウルの春にさよならを」韓丘庸（日本児童文学・8）
〈創〉「女影法師」韓丘庸（やんちゃNo.22・10）
〈民〉「かえるになったみみず」尹正淑（とんふぁVol20・10）
朴民宜（画）**『ふしぎな水ぶどう』**（朝文）朝鮮童話集4（朝鮮青年児童文庫⑤・朝鮮青年社刊・11）
〈民〉「虎と兎のすもうとり」尹正淑（とんふぁVol21・12）
〈民〉「科挙と船頭」孫仁一（とんふぁVol21・12）

1981（昭56）

〈寓話〉「かぜと雲」（朝文）金光淑（文学芸術No.72・1）
〈エ〉「にわとりの絵に陽の輝けり」韓丘庸（統一評論・1）
〈童〉「ひまな絵かきさん」尹正淑（新しい世代・1）
李錦玉・朴民宜（画）**『さんねん峠』**〈絵本〉朝鮮のむかしばなし1（岩崎書店刊・2）
〈童〉「ニャンコロとウンナ」尹正淑（新しい世代・2）
〈民〉「パガジ十杯」孫仁一（とんふぁVol22・2）
朴民宜・尹晃一（画）**『良薬のんだ子鹿』**（朝文）朝鮮童話集5（朝鮮青年児童文庫⑥・朝鮮青年社刊

・2）

＜民＞「かぜと雲」（朝文）金光淑（文学芸術No.72・3）

＜民＞「ポルムとかしこいうさぎ」睦春子（とんふぁVol23・3）

＜詩＞「文字のない手紙」尹正淑（とんふぁVol23・3）

＜童＞「なのはな」尹正淑（新しい世代・3）

＜評＞「『四・一九』の今日的意義―ソウルに春はやってくるか」金節子（やんちゃNo.23・3）

＜長＞「ゆずの花の祭壇」韓丘庸（連載）（朝鮮時報3／2〜9／28）

＜童＞「なきだした大男」尹正淑（新しい世代・4）

＜童＞「おばあちゃんごめんよ」尹正淑（新しい世代・4）

朴民宜・尹晃一（画）**『水におぼれた地主』**（朝文）朝鮮童話集6（朝鮮青年児童文庫⑦・朝鮮青年社刊・6）

李錦玉・朴民宜（画）**『よわむしごうけつ』**＜民話＞太平ようねん童話（太平出版社刊・6）

＜翻＞「屋上のたんぽぽ」朴婉緒・作、金在学・訳（統一評論・6）

＜童＞「遠い思い出」尹正淑（新しい世代・6）

＜民＞「馬鹿の上」尹正淑（とんふぁVol24・7）

＜童＞「貝がら」尹正淑（新しい世代・7）

＜童＞「どぶ」金節子（やんちゃNo.24・7）

＜長＞「夜汽車」韓丘庸（連載）（やんちゃNo.24・7）

＜童＞「トッケビ」尹正淑（新しい世代・8）

沈志津『私の半生記・忍び草』＜ノン＞（エーアンドジー刊・9）

洪永佑・尹晃一（画）**『翼についている鈴』**（朝文）朝鮮童話集7（朝鮮青年児童文庫⑧・朝鮮青年社刊・9）

＜童＞「窓ぎわでみた空」尹正淑（新しい世代・9）

＜童＞「なんぞどうえ」金節子（やんちゃNo.25・10）

＜童＞「うそ」尹正淑（新しい世代・10）

＜童＞「絵かきさんのうみ」尹正淑（新しい世代・11）

＜評＞「なぜ民族教育が重要なのか」尹相根（統一評論・12）

＜童＞「雪の舞う新潟で」尹正淑（新しい世代・12）

1982（昭57）

＜童＞「スニのチョゴリ」李慶子（新しい世代・1）

＜童＞「のきしたのにんにく」金節子（やんちゃNo.26・1）

＜長＞「立待岬に祈る」（連載）韓丘庸（新しい世代

・1〜5）

＜童＞「トンへを渡ったコムシン」李慶子（新しい世代・2）

＜シ＞「潤の街」金秀吉（キネマ旬報No.829・2）

＜詩＞「松ボックリ」「みずたまり」「オモニのことば」高甲淳（とんふぁVol31・3）

＜民＞「ハルミコツ」梁文姫（とんふぁ第二回作品集・3）

＜童＞「トッキの国」李慶子（新しい世代・4）

『コッソンィ④』（朝文）在日朝鮮学生文学作品懸賞募集入選作品集（朝鮮新報社刊・4）

＜詩＞「駅伝競争」（朝文）徐正仁（音訳）（朝大文学No.25・4）

＜童＞「うばすて山」尹正淑（とんふぁVol24・5）

＜民＞「チゲ」高甲淳（とんふぁVol24・5）

＜童＞「ちびたえんぴつ」李慶子（新しい世代・5）

＜散文詩＞「きょうは楽しい遠足です」「カキャ表」崔学珍（とんふぁVol26・6）

＜童＞「絵かきさんと空を飛ぶ」尹正淑（朝鮮新報・7）

＜詩＞「ほんとうなんだよ」「合唱」崔学珍（とんふぁVol27・7）

＜童＞「あしたあーめにな・あ・れ」李慶子（新しい世代・7）

＜童＞「フィソンのけんきゅう」金節子（やんちゃNo.28・7）

＜童＞「スサムの歌」（朝文）金光淑（山鳴りNo.6・7）

金達寿『私の少年時代—差別の中に生きる—』＜ノン＞のびのび人生論⑯（筑摩書房刊・8）

＜童＞「パヂチョゴリとチマチョゴリの冒険」李慶子（新しい世代・8）

蘇瑩鎬・編、洪永佑・金正愛（画）**『伝えられなかった妙薬』**（朝文）朝鮮説話集1（朝鮮青年児童文庫⑨・朝鮮青年社刊・9）

＜民＞「トラの立ち退き」孫仁一（とんふぁVol28・9）

＜童＞「ふうせんかずらの旅」李慶子（新しい世代・9）

韓丘庸・朴民宜（画）**『ソ・テチュイ物語』**（朝文）朝鮮童話集8（朝鮮青年児童文庫⑩・朝鮮青年社刊・9）

＜童＞「北風小僧のおくりもの」李慶子（新しい世代・9）

洪永佑『洪吉童』＜絵＞＜朝鮮名作絵本シリーズ①＞

（朝文付）（朝鮮青年社刊・10）
＜民＞「うなるツヅラ」孫仁一、「三ぎつね」高甲淳（とんふぁVol 29・11）
金蒼生『私の猪狩野』＜ノン＞（風媒社刊・11）
梁敏子『やせっぽちのチアーカンボジア少女の記録ー』＜童＞ほるぷ幼年童話（ほるぷ出版社刊・12）

1983（昭58）

＜童＞「空とぶ魚」尹正淑（朝鮮時報1／7）
＜童＞「船にのってやってきたポギ」李慶子（新しい世代・2）
＜民＞「ゆりの花と若もの」韓丘庸（朝鮮画報2月号・2）
＜童＞「指きりゲンマン」李慶子（新しい世代・2）
崔春龍・尹晃一（画）**『ヨンメン山の若大将』**（朝文）朝鮮童話集9（朝鮮青年児童文庫⑪・朝鮮青年社刊・3）
＜童＞「絵本からとび出したケグリ」李慶子（新しい世代・3）
＜民＞「娘が虎にばけた話」韓丘庸（朝鮮画報3月号・3）
＜創＞「望郷」（短編集）高甲淳（とんふぁVol 32）
※「日本へ」「嫁入り」「ひよこ」「決心」「たまご」「米」「泉の水」「かなしい里帰り」「わらびとり」「馬どろぼう」「岩穴の中で」「若い女」「火種」十三編収録
＜民＞「野苺のむくい」韓丘庸（朝鮮画報4月号・4）
＜童＞「影をたべるトケビ」李慶子（新しい世代・4）
＜評＞「ある児童文学の風景」韓丘庸（京都新聞4／26—4／27）
日本児童文学者協会・編『私の児童文学（作家一一七人が語る）』に**「もう一度ソウルの春にさよならを」**（韓丘庸）を収録（「日本児童文学」別冊・偕成社刊・4）
＜童＞「逃げだした親善使節」李慶子（新しい世代・5）
金恵京（**再話**）**『とらとふえふき』**＜絵本＞（福武書店刊・5）
＜童＞「きいろいかさ」崔学珍、「お金持になる秘訣」金友江（とんふぁVol 31・6）
＜民＞「馬どろぼうとカボチャのたね」韓丘庸（朝鮮画報5月号・5）
＜童＞「女の子になったセリナ」李慶子（新しい世代・6）
崔仁鶴『大ムカデたいじ』＜民＞世界の昔ばなし⑥・韓

国の昔ばなし（小峰書店刊・6）

〈民〉「黄い牛と黒い牛」韓丘庸（朝鮮画報6月号・6）

〈童〉「お父さんとお母さんはいません」金節子（やんちゃ№32・7）

〈民〉「おろかなトッケビと勝負」韓丘庸（朝鮮画報7月号・7）

〈童〉「赤ちゃんはひまわり」李慶子（新しい世代・8）

鄭寅燮『温突夜話』〈民〉韓国民話集（三弥井書店刊・8）

〈童〉「ㄱㄴㄷㄹㅂじいさん」李慶子（新しい世代・9）

〈童〉「ハーモニカ」金節子（やんちゃ№33・10）

『コッソンィ⑥』（朝文）在日朝鮮文学作品集（朝鮮新報社刊・11）

〈童〉「小さな村の駅長さん」李慶子（新しい世代・12）

1984（昭59）

〈童〉「ただいま」金節子（やんちゃ№34・1）

〈詩〉「あの頃、この頃」「白菜・一株八百円」「一日の終りに」金節子（鉾30号・2）

〈童〉「遠足」金節子（やんちゃ№34・4）

〈評〉「朝鮮の子ども像―日本児童文学から―」韓丘庸（京都新聞4／13―4／14）

〈創〉「窓（前）」金節子（群星《ムッピョル》創刊号・6）

〈詩〉「野菊」「帰国船」「スニや！」（朝文）尹正淑（朝鮮女性・7）

〈童〉「やくそくごっこ」金節子（やんちゃ№36・7）

〈評〉「在日朝鮮人としての新しい児童文学をめざして」韓丘庸（新しい世代・7）

〈童〉「一日限りのバザール」李慶子（サンボン8号・8）

崔永進『はい！』（朝文）〈詩〉第二集（文芸同兵庫支部刊・8）

〈童〉「ブーの贈物」李慶子（サンボン9号・9）

柳尚熈『韓国の怪奇民話』〈民〉（評論社刊・9）

〈童〉「青空の下で」金節子（やんちゃ№37・10）

〈童〉「ふろしき」李慶子（サンボン10号・10）

姜春子『律君こっち向いて』〈ノン〉（海声社刊・11）

〈童〉「スンチョリとミノギ」（朝文）尹正淑（朝鮮女性・11）

〈童詩〉「赤ちゃんが笑った」（朝文）「だれに似てるかな」（朝文）李錦玉、「おばあちゃん大好き」（朝文）崔泰淳（文学芸術№79・11）

〈童〉「あーちゃん」金節子（やんちゃ№38・1）

1985（昭60）

〈童〉「誕生」（朝文）尹正淑（朝鮮女性・1）
韓丘庸・金正愛（画）**『フンブとノルブ』**〈絵〉（朝文対訳付）朝鮮名作絵本シリーズ②（朝鮮青年社刊・2）
〈童〉「冬のバラ」尹正淑（新しい世代・2）
〈童〉「三人だけの卒業式」尹正淑（新しい世代・3）
〈童〉「たまねぎひとつ」金節子（やんちゃNo.39・4）
〈童〉「雨」尹正淑（朝文）（朝鮮女性・4）
〈童〉「よもぎとたんぽぽ」尹正淑（新しい世代・4）
〈創〉「コスモス咲く丘」（朝文）羅基泰（山鳴りNo.17・4）
〈詩〉「公団の木」「入江」金節子（「雪よ」に収録・5）
〈創〉「窓（後）」金節子（群星No.2・5）
〈童〉「友へ」尹正淑（新しい世代・5）
元静美『ウリハッキョのつむじ風』〈長〉（あすなろ書房刊・6）
〈童〉「あじさいの下」尹正淑（新しい世代・6）
〈童〉「牛のあか」（朝文）黄鎮益（文学芸術No.81・7）
車栄子『赤とんぼ海をわたれ』〈ノン〉（教育史料出版会刊・7）

〈童〉「夕立」尹正淑（新しい世代・7）
〈童〉「海べで」（朝文）尹正淑（朝鮮女性・7）
高甲淳『望郷―ハルモニのお話―』（短編集）（とんぼの会刊・8）
〈童〉「蛙と一緒に」尹正淑（新しい世代・8）
〈評〉「日本人にとって朝鮮の原体験は貴重な遺産―今あなたは朝鮮が見えるか―」韓丘庸（子どもの本棚・別冊No.48・9）
〈童〉「野菊」尹正淑（新しい世代・9）
金達寿『古代の日本と朝鮮』〈ノン〉ちくま少年図書館㊾歴史の本（筑摩書房刊・9）
梁裕子・蔡俊（画）**『天馬とにじのばち』**〈絵〉（朝文対訳付）朝鮮名作絵本シリーズ③（朝鮮青年社刊・10）
〈童〉「ざくろ」尹正淑（新しい世代・10）
〈童〉「お母さんについてく」（朝文）尹正淑（朝鮮女性・10）
李錦玉・朴民宜（画）**『へらない稲たば』**〈絵〉朝鮮のむかしばなし（岩崎書店刊・10）
〈童〉「旅」尹正淑（新しい世代・11）
蔡洙明『いのちときぼう―大韓航空機撃墜事件に遭ったひとりの少年―』〈ノン〉（青山館・11）

〈童〉「文字のない手紙」尹正淑（新しい世代・12）
岡真史『新編・ぼくは十二歳』〈ノン〉ちくま文庫（筑摩書房刊・12）
羅基泰・他『狂った友』（短編集）（朝鮮青年社刊・12）

1986（昭61）

〈童〉「手紙」梁文姫（新しい世代・1）
韓丘庸『灰色の雨の兵隊』（短編集）（素人社・1）
※「雪のいざない」「小さな花嫁人形」「夕がらす」「トンボおじさんの歌」「家路」「北であった女」「枯木に花は咲きませぬ」「戦車の中の子どもたち」「灰色の雨の兵隊」収録。
〈童〉「仲なおり」梁文姫（新しい世代・2）
〈童謡〉「わたしが蝶々だったら」（朝文）崔永進（文学芸術№83・3）
〈創〉「花輪」（朝文）康太成（文学芸術№83・3）
〈童〉「ごめんなさい」梁文姫（新しい世代・4）
〈評〉「朝鮮・韓国の児童文学の現況」韓丘庸〈世界の児童文学特集〉（日本児童文学・4）
〈童〉「もう一度」梁文姫（新しい世代・5）
〈童〉「ソンへとウリマル」梁文姫（新しい世代・6）
〈評〉「児童文学に見る朝鮮」韓丘庸（京都新聞6／13・6／14・6／15）
〈童〉「ぶらんこ」金節子（新しい世代・7）
〈民〉「ハラボジのタンベトン」高貞子（火種Vol 7・7）
〈詩〉「算数解き」「かくれんぼ」李方正、「午後夜間学校へ行こうよ」高奉淀、「約束」任福連（各朝文）（火種Vol 7・7）
〈評〉「児童文学にみる新たな朝鮮像」韓丘庸（朝日新聞・夕・7／12）
〈童〉「たんぽぽ」金節子（新しい世代・8）
〈童〉「アボジの台所」梁裕子（朝鮮新報8／20）
〈童〉「金さんのしるし」尹正淑（朝鮮新報8／27）
〈童〉「ふるさとの木」金節子（新しい世代・9）
〈童〉「むじげ草」李慶子（朝鮮新報9／3）
〈評〉「児童文学の位置を定立させ、より一層の創作活動を」（朝文）韓丘庸（朝鮮新報9／15）
〈童〉「オモニ大好き」金節子（朝鮮新報9／17）
〈童〉「ベランダの花畑」梁裕子（朝鮮新報9／24）
〈童〉「たからもの」金節子（新しい世代・10）
〈童〉「台風」尹正淑（朝鮮新報10／8）
〈童〉「ソンィのブローチ」李慶子（朝鮮新報10／15）
〈童〉「うまれる」金節子（朝鮮新報10／22）
〈童〉「すずがいっぱい」梁裕子（朝鮮新報10／29）

＜童＞「どっちにしようかな」金節子（新しい世代・11）
＜童＞「スモールさんとジャンボさん」尹正淑（朝鮮新報11／5）
＜童＞「わすれもの」李慶子（朝鮮新報11／12）
＜童＞「ぼくのいもうと」金節子（朝鮮新報11／19）
＜童＞「枯葉のコーラス」安正順（朝鮮新報11／26）
＜童＞「大きくなあれ」金節子（朝鮮新報12／17）
＜童＞「ヨンランのはた」李慶子（朝鮮新報・12）
＜童＞「夜の海べで」尹正淑（朝鮮新報・12）
＜童＞「むじげ草」李慶子、「おばけのトッケビ」元静美、「旅立ち」金節子、「海を渡ってきたならずの鐘」韓丘庸（サリコ創刊号・12）
＜エ＞「ハルマンさんとおじぞうさん」康玲珠（サリコ創刊号・12）

1987（昭62）

＜評＞「在日朝鮮人文学としての児童文学―試案のために―」韓丘庸（やんちゃNo.46・1）
＜童＞「チョンヒのクレヨン」パク・チョンスン、＜詩＞「セクトン・チョゴリ」カン・ミョンスク（以上文学芸術'87・秋号）
＜民＞「天地のなりたち」朴飛雲・金正愛（画）（朝鮮画報1月号・1）
＜童＞「まほうの手」金節子（朝鮮新報1／28）
＜評＞「童詩を子どもの情操教育に」韓丘庸（朝鮮新報・日本語版3／18）
＜評＞「在日朝鮮人文学としての児童文学年譜」韓丘庸（やんちゃNo.47・4）
＜評＞「児童文学における差別問題についての所見」韓丘庸（やんちゃNo.47・4）
＜童＞「踏切りに咲くコスモス」（朝文）韓丘庸（群星No.3・文芸同京都支部刊・4）
＜創＞「再会」金節子（群星No.3・文芸同京都支部刊・4）
＜民＞「栴檀の木の下で」朴飛雲・金正愛（画）（朝鮮画報5月号・5）
＜民＞「卵から生まれた王様㊤」朴飛雲・金正愛（画）（朝鮮画報6月号・6）
＜童＞「おばけのトッケビ・ぱーと②」元静美、＜童＞「おとうさんとおかあさんはいません」金節子、＜創＞「鳥になったヨンシギ」姜智子、＜童＞「ひまわり」李慶子、＜童＞「雪の日の風景画」韓玲美、＜翻＞「ヨンナミの宿題帳」（童）金光淑・金節子（訳）、＜書評＞「新編・ぼくは

十二歳」康一美、〈翻〉「ふしぎな扇」（民話）宋孤天・韓丘庸・編訳（以上サリコNo.2・サリコ児童文学会刊・6）
〈民〉「卵から生まれた王様㊦」朴飛雲・金正愛（画）（朝鮮画報7月号・7）
〈民〉「五色に輝いた童子」朴飛雲・金正愛（画）（朝鮮画報8月号・8）
〈詩〉「めざめ」「姉妹」「あこがれ」金節子（鉾No.32・京都詩人会議刊・9）
〈民〉「沸流と温祚」朴飛雲・金正愛（画）（朝鮮画報9月号・9）
李錦玉・朴民宜（画）**『りんごのおくりもの』**〈絵〉（朝文対訳付）朝鮮名作シリーズ④（朝鮮青年社刊・10）
高奉淀『子星のかがやく』（朝文）〈詩〉（文芸同大阪支部刊・10）
〈詩〉「わたしが蝶だったら」（朝文）崔永進、〈詩〉「めぐすり」「崔おじさんの口ぐせ」（朝文）李芳世（以上文芸同中央編「炎の中で」収録・10）
〈童〉「キャベツUFOI」「あじさい」梁裕子、〈童〉「雨傘日傘」崔学珍、〈童〉「ハラボジのふで」「帰国I」尹正淑、〈詩〉「きょうくん」睦春子、〈童〉「おにいちゃんだから」「へんなひ」ぱく・ほがん（以上とんふぁ第三回作品集収録・10）
〈童〉「きららこたちの共和国」韓丘庸、〈童〉「チャンヂャ」金節子（京都児童文学会編アンソロジー『心はじけて』収録・サンブライト出版刊・10）
〈民〉「空から降りてきた金の卵」朴飛雲・金正愛（画）（朝鮮画報10月号・10）
李慶子・朴民宜『とんち小僧テウギ』〈民〉〈사람《サラム》〉民話シリーズ③（ブレーンセンター刊・10）
〈民〉「いたずらトケビ」金莉瑛（『とんち小僧テウギ』に収録・ブレーンセンター刊・10）
〈エ〉「なぜ過去にこだわるのか―京都戦争展をみて―」韓丘庸（子どもの本棚11月号No.228・11）
〈民〉「ネギを植えたパンドリ」朴飛雲・金正愛（画）（朝鮮画報11月号・11）
〈評〉「児童文学は生活の教科書である」（朝文）韓丘庸（朝鮮新報12／1）
〈童〉「帰り道」尹正淑、〈童〉「チョソン・サラム」韓允順、〈童〉「おばけのトッケビ・ぱーと③」

元静美、〈童〉「ポックンとかっこう」金節子、〈創〉「ひろしまの風」李慶子、〈詩〉「アンジュラ／あの子／ゆびきりげんまん／『이』レッスン」金節子、〈詩〉「乗り違えた列車／夜明け前の隣国／未来へのメッセージ」諸庭宗、〈翻〉「ある日本人」朴基媛・韓丘庸・訳（サリコNo.3・12）

1988（昭63）

〈民〉「月を買った王さま」李慶子・洪永佑（画）（朝鮮画報1月号・1）

〈エ〉「故郷の花にしあれどⅠ」韓丘庸（①二月の魔女とおきなぐさ②かたばみの花いちもんめ③にわとりの絵にのびるの輝けり④れんげ畑と朝鮮豚収録）（やんちゃNo.50・1）

〈民〉「としくらべ」李慶子・洪永佑（画）（朝鮮画報2月号・2）

〈評〉「二・三世や若手が台頭—在日朝鮮人の児童文学」韓丘庸（京都新聞2／7）

〈評〉「在日朝鮮人文学としての児童文学の定立を—「サリコ」のめざすもの—」韓丘庸（日本児童文学3月号・3）

〈民〉「干物《ひもの》になった虎夫婦」李慶子・洪永佑（画）（朝鮮画報3月号・3）

韓丘庸・訳『ユンボギの詩《うた》』〈翻〉李潤福・やすたけまり（画）（海風社刊・3）

〈エ〉「故郷の花にしあれどⅡ」韓丘庸（⑤そぼ降る小雨の今出川⑥トッケビのすきなにらの花収録）（やんちゃNo.51・4）

〈民〉「カエルになった男」李慶子・洪永佑（画）（朝鮮画報4月号・4）

〈評〉「題材から感動をひき出す」韓丘庸（やんちゃニュースNo.3・4）

〈民〉「肝をわすれたうさぎ」李慶子・洪永佑（画）（朝鮮画報5月号・5）

〈民〉「物語のふくろ」李慶子・洪永佑（画）（朝鮮画報6月号・6）

〈評〉「同人誌運動にみる—京都児童文学会機関誌『やんちゃ』にかかわることの意味（上）」韓丘庸（やんちゃニュースNo.4・6）

〈評〉「過去を通して〈在日〉を考える」韓丘庸（日本児童文学者協会編『子どもの今へ向って』収録・青木書店刊・6）

〈評〉「童話的手法で民話の創作を」（朝文）韓丘庸（朝鮮新報6／20）

＜童＞「おばけのトッケビ・ぱーと④」元静美・金美和（画）、＜創＞「たちのき」金節子・金正愛（画）、＜創＞「幻のトンネルⅠ」李慶子・徐清美（画）、＜詩＞「祖国から送ってきた絵本をみて／口げんか／かくれんぼ（以上朝文）／パンツのゴムあと／にらめっこ」李芳世、＜詩＞「雨の日／おべんとう／お日さま／くつ／ヒント／赤ちゃんが生まれたよ／夢の中／もっと早く一年生」韓允順、＜詩＞「子どもの目／猫／女の子／新しい日へ／死令官／帰った慕情／答の出ない方程式」諸庭宗、＜童詩＞「名前／春の風／らくがき／理由／とんぼ／風のたより」金節子、＜童詩＞「お人形さん／子どもの世界」趙顕市（サリコNo.4に収録・7）

＜民＞「四角い米と二ひきのねずみ」李慶子・洪永佑（画）（朝鮮画報7月号・7）

韓丘庸・訳編『夜中に見た靴』＜翻＞（エスエル出版会刊・7）

※「夜中に見た靴」（崔仁鶴）、「ほとけさまが笑った」（辛忠幸）、「星」（李元寿）、「風雨の中でも」朴洪根、「花ぐつ」（姜小泉）、「空をとぶコスモス」（孫東仁）、「七月の子どもたち」（崔仁勲）収録。

＜童＞「雨の日のお迎え」（朝文）韓丘庸、＜詩＞「バスの通る道」（朝文）黄鎮益、＜童＞「にゅうえんしき」金節子（群星No.4・8）

＜エ＞「故郷の花にしあれどⅢ」韓丘庸（⑦いちごを摘りにいきましょう⑧「おまえら、バスの中で朝鮮語使うな」⑨電車に前、後があるか⑩たんぽぽのコーヒーはいかが収録）（やんちゃNo.52・8）

＜民＞「犬にかまれたとさか」李慶子・洪永佑（画）（朝鮮画報8月号・8）

＜評＞「同人誌運動にみる—京都児童文学会機関誌『やんちゃ』にかかわることの意味—（下）」（やんちゃニュースNo.4・8）

＜書評＞「ほたるがとんだ日」金節子（子どもの本棚9月号・9）

＜民＞「みどりの火鉢」李慶子・洪永佑（画）（朝鮮画報9月号・9）

資料収集の過程で、たくさんの人々のご協力を得ました。誌上をおかりしてお礼申し上げます。

未だ完全に整理されるまでには、かなり時間がかかるものと思いますが、とりあえず未完ではありますが、作品発行の年代別・ジャンル別等、確認できる範囲で並べてみました。

中には若干、大人の文学と重なり合った作品も混じっていることと思いますが、時間がたてば、もう少し整備されるものと思っています。

ことに、朝鮮語で創作された作品は、未だ資料不足の面が免れ得ません。また作者名も音訳でしかわからないものもあります。

引き続き確認をしていくつもりです。今後とも、ご協力のほど、よろしくお願い申し上げます。

なお、作品の年代やジャンル、作者名等で間違っていたり、遺漏がありましたら、些細なことでも忌憚なくご一報下さいますようお願い申し上げます。

この年譜の作成途中、許南麒さんの訃報が届きました。心からご冥福をお祈り申し上げます。

（一九八八年十二月　韓丘庸）

仲村　修（なかむら　おさむ）

1949年岡山県生まれ。岡山大、大阪外大朝鮮語学科卒業。大阪外大講師、神戸ＹＭＣＡの朝鮮語講師もつとめる。現在、神戸市立教育研究所勤務。朝鮮の児童文学の研究・翻訳を行なう個人冊子『季刊メアリ』を発行。「オリニの会」同人。

韓丘庸（はん　ぐよん）

1934年京都府生まれ。神戸外大、天理大卒業。在日朝鮮児童文学の会「サリコ児童文学会」主宰。京都児童文学会創立メンバー。主な著書に『海べの童話』、『ソウルの春にさよならを』、『夜中に見た靴』、『朝鮮を理解する100冊の本』などがある。

しかた　しん

1928年朝鮮のソウル生まれ。京城帝大予科で敗戦をむかえる。愛知大卒業。中部日本放送ディレクターを経て、児童文学作家としてたつ。『むくげとモーゼル』、『国境』、『どろぼう天使』（ポプラ社）ほか、約40作を発表。児童劇団「うりんこ」主宰。

オリニの会

オリニは朝鮮語で子どもの意。1986年、神戸で発足。日本語で書かれた朝鮮に関する児童文学を研究する。月一回、『オリニつうしん』発行。連絡先は神戸学生・青年センター。

児童文学と朝鮮

1989年２月10日　第１刷発行

著　者　仲村修、韓丘庸、しかたしん

編集・発行　(公財) 神戸学生青年センター出版部
〒657-0051 神戸市灘区八幡町 4-9-22
TEL　078（891）3018

印　刷　(有)共同出版印刷

定価 1210 円（本体 1100 円）

※当出版部の本は地方小出版流通センター扱いです。

落丁、乱丁本はお取りかえいたします。

＜神戸学生・青年センター出版部の出版物＞

梶村秀樹

解放後の在日朝鮮人運動

現在の在日朝鮮人問題を考える上で、その「原点」をなす一九四五年八月一五日の解放から一九六五年の日韓条約締結までの時期の在日朝鮮人運動を概観した朝鮮史セミナーの講演録。（Ａ５判／一〇三頁／六〇〇円）

田中宏・山本冬彦

現在の在日朝鮮人問題

「入管体制の現段階」「外国人登録法と日本人」（田中）「在日朝鮮人と社会保障」（山本）よりなる講演録。一九八二年の在日朝鮮人に関する法律の「改正」後の法的地位を簡潔に論じた好書。（Ａ５判／九四頁／五〇〇円）

金慶海・梁永厚・洪祥進

在日朝鮮人の民族教育

一九四八年四月にＧＨＱ占領下で唯一「非常事態宣言」が発せられた阪神教育闘争のドキュメント、そして在日朝鮮人民族教育の現状を報告。在日朝鮮人の民族教育の歴史と現状を知るために！（Ａ５判／九一頁／六〇〇円）

中塚明・朝鮮語講座上級グループ

教科書検定と朝鮮

一九八二年の「教科書問題」は記憶に新しい。当時の『東亜日報』『朝鮮日報』の主要記事を収録し、中塚明氏の講演「歴史教育における日本と朝鮮」を再録したもの。植民地下の朝鮮人の生の証言を集めた記事に迫力がある。（Ｂ５判／一四八頁／八〇〇円）

白井晴美・坂本玄子・谷綛保・高橋晄正

今、子供に何が起こっているのか

現場で活躍している栄養士、養護教諭、カウンセラー、医師が子供のこころ、からだの問題を語った食品公害セミナーの記録。学校給食／小学生の体と心／カウンセラーよりみた子供の健康／新生児にみる異常の実態（Ａ５判／一五八頁／六〇〇円）

竹熊宜孝・山中栄子・石丸修・梁瀬義亮・丸山博

医と食と健康

食品公害の蔓延しているこの時代に薬にたよらない体づくりを実践している医師が語る。食べものと健康／小児科医より見た子供の健康／食物せんいと便秘／生命の医と食／現代病と食生活（Ａ５判／一三二頁／六〇〇円）

新美隆・小川雅由・佐藤信行ほか

指紋制度を問う

歴史・実態・闘いの記録

『季刊三千里』に掲載された二〇篇の論考を収録した外国人登録法の指紋押捺問題を考える上での必読書。「在日朝鮮人指紋押捺拒否の歴史」（梶村秀樹）「外国人指紋制度の導入経緯」（田中宏）「指紋制度に見る国家意識の暗部」（江橋崇）「指紋の特性と指紋登録の機能」（金英達）ほか（Ａ５判／二〇五頁／九〇〇円）

梁泰昊

サラム宣言

『プサン港へ帰れない』の著者が指紋拒否裁判の「被告人」として行なった法廷陳述。民族差別と闘う運動を続けてきた氏が指紋拒否の行為が在日朝鮮人の「サラム」（朝鮮語で「にんげん」の意）としての宣言であると熱っぽく語る。（Ａ５判／九二頁／五〇〇円）